DEMMLER VERLAG

Der Alte Fritz

Geschichten und Anekdoten
aus dem „Volksmund"

Gesammelt und herausgegeben von
Siegfried Neumann

DEMMLER VERLAG

Abbildungen aus:

C. Röchling und R. Knötel: Der Alte Fritz in 50 Bildern für Jung und Alt, Verlag von Paul Kittel, Berlin 1895.

Den Band stellte freundlicherweise Familie Harald und Karin Retter, Lensahn / Ostholstein zur Verfügung.

© 2003 DEMMLER VERLAG GmbH

An der Bäderstraße 7 c

18311 Ribnitz-Damgarten

Tel.: 03821 / 425514-0

Fax: 03821 / 425514-2

info@demmlerverlag.de

www.demmlerverlag.de

Satz und Gestaltung: Matthias Krempien, Satz & Layout, Schwerin
Druck und Verarbeitung: SALZLAND DRUCK GmbH & Co. KG, Staßfurt

3. Auflage 2017

ISBN 978-3-910150-62-1

Vorwort

Kein deutscher Monarch hat im Bewusstsein der Nachwelt einen so starken Nachhall gefunden wie Friedrich II. von Preußen (1712–1786). Zum einen ist er – wie Ludwig II. von Bayern – zu einer Art Kultfigur der Historiographie, Popularliteratur und Fremdenverkehrsindustrie geworden, zum andern – und das zählt sicherlich mehr – lebt er bis in die Gegenwart in einer Vielzahl von volkstümlichen Sagen, Schwänken und Anekdoten weiter, die weniger die offiziöse Anekdotenliteratur über den großen Preußenkönig kolportieren als auf mündlicher Überlieferung beruhen. Diese Überlieferung reicht zum Teil bis in die Lebenszeit des Königs zurück, ist in den mehr als zwei Jahrhunderten seit seinem Tod jedoch durch viele Erzählungen bereichert worden, die man auf ihn übertragen hat. Während er in der historischen und schöngeistigen Literatur und in späteren Zeugnissen über ihn als Staatsmann, Feldherr, Philosoph und Künstler, als Friedrich der Große gewürdigt wird, halten die volkstümlichen Erzählungen über ihn die Erinnerung an den legendären „Alten Fritz" fest. Der schon zu Lebzeiten so genannte König, in dem viele seiner 'Untertanen' in den unteren Sozialschichten eine Art Volkskönig sahen, blieb es dank der überlieferten Erzählungen auch im Bewusstsein der Nachwelt.

Das zeigen insbesondere die zahlreichen, in ganz Norddeutschland kursierenden und von volkskundlichen Sammlern des 19. und 20. Jahrhunderts aufgeschriebenen Geschichten über den Alten Fritz, den die einfachen Leute auf dem Lande und in der Kleinstadt, wenn sie von ihm erzählten, verbreitet auch einfach 'König Fritz' nannten. Der vorliegende Band bietet eine repräsentative Text-Auswahl aus dem ermittelten Erzählfundus der Pommern, Mecklenburger und Brandenburger, die recht deutlich werden lässt, dass hier die geradezu vertrauliche Beziehung der Zeitgenossen zum Alten Fritz auch bei den nachfolgenden Generationen fortbestand. Ähnlich verhält es sich mit dem entsprechenden Erzählgut der westdeutschen Landschaften, das sich infolge der anderen Mundarten zwar sprachlich, aber inhaltlich kaum von dem der ostdeutschen Gebiete unterscheidet, wie die beigegebenen Anmerkungen ausweisen. Um allgemein lesbar zu sein, wurden jedoch fast alle Texte der mecklenburgischen und pommerschen Erzähler, die in

Mundart vorliegen, ins Hochdeutsche übertragen. Nur einzelne Passus leicht verständlicher wörtlicher Rede in den Dialog-Partien sind im originären Plattdeutsch belassen. In Wortlaut und Schriftbild vom Hochdeutschen abweichende Mundartwörter finden sich am Ende des Bandes erklärt.

Die in mehreren Büchlein greifbaren Auszüge aus der offiziösen Anekdotenliteratur, die sich auf dem Markt befinden, führen Friedrich den Großen (auch wenn vom Alten Fritz die Rede ist) aus gleichsam obrigkeitlicher Sicht vor. In den Volkserzählungen, wie sie dieser Band bietet, lernen wir ihn in einer Art Gegenbild kennen, wie ihn die einfachen Leute sahen: Als einen König, der für sein Volk da war und den sie deshalb bewunderten und verehrten, aber auch als einen Menschen, dem ihre Sympathie gehörte, auf den sie ihre Hoffnung setzten, auf dessen Kosten sie aber auch ihre Späße machten.

Herausgeber und Verlag wünschen also ihren Lesern nicht nur eine informierende, sondern auch eine ebenso vergnügliche Lektüre.

Erzählungen über den Alten Fritz

Die Bittschriften-Linde in Potsdam

Friedrich der Große bewohnte die Eckzimmer im Potsdamer Stadtschloss nach der Teltower Brücke zu, von wo er die Aussicht auf die Havel und den Brauhausberg hatte und vermittels dreier Spiegel von seinem Schreibtisch aus auch den Lustgarten, die Brücke und die ganze Umgebung des Schlosses übersah.

Ganz nahe der Brücke stand dicht am Fenster eine alte Linde, welche die Bittschriften-Linde genannt wurde, weil sich an ihr die aufstellten, welche ein Gesuch in die Hände des Königs zu bringen wünschten. Sah sie der König hier stehen, so schickte er sogleich einen Diener hinunter, der ihnen die Bittschriften abnehmen musste. Nicht nur die Potsdamer Bürger brachten so ihre Wünsche an, sondern aus den entferntesten Landesteilen kamen die Leute in ihrer heimatlichen Tracht mit ihren Hoffnungen und Bitten. Die halbverwachsenen Narben, welche etwas über der Erde ringsum in der Rinde des Baumes zu sehen waren, sollen von dem Pflücken und Zupfen herstammen, womit die Bittsteller in der Unruhe ihres Herzens den Stamm verwundeten.

Auch wer später gern einen heißen Herzenswunsch erfüllt sehen wollte, der ging um Mitternacht zur Bittschriften-Linde und sah hinauf zum Arbeitszimmer des großen Königs. Wenn sich dort am Fenster ein matter Lichtschimmer von innen zeigte, dann ging der Wunsch in Erfüllung. Alte Leute aus Potsdam und der Umgebung wollten es an sich selbst erfahren haben – und viele glauben noch heute daran. [1]

Die Künstler, die der König beschäftigte, hatten keinen leichten Stand. Die Voranschläge der Bauherren waren ihm gewöhnlich zu hoch. Dann malte er einen Galgen an den Rand oder schrieb daneben: „Halunke!" Selbst mit seinem Jugendfreund Knobelsdorff geriet er beim Bau von Sanssouci in Differenzen, da der König Ansichten entwickelte, die Knobelsdorff als Architekt nicht billigen konnte. So schied er aus der Bauleitung aus, und der König sah sich nach anderen Baumeistern um.

Einer von ihnen war Boumann, ein ehemaliger Schlosskastellan. Knobelsdorff schätzte ihn nicht und nannte ihn immer den dummen Schlosskastellan. Boumann erhielt von dem König den Auftrag, das Berliner Tor zu errichten. Es ist tatsächlich recht nüchtern geworden und zeigt nichts von dem Schwung Knobelsdorffscher Bauten. Als nun das Tor fertig war, lud der König Knobelsdorff ein, nach Potsdam zu kommen. Auf seinem Weg musste er das Berliner Tor passieren.

In Potsdam fragte ihn der König: „Nun, hat Er auch das Berliner Tor gesehen?" – Knobelsdorff erklärte, er habe nichts gesehen. – „Sieht Er", fuhr der König fort, „das hat sein dummer Schlosskastellan Boumann gemacht!" – „So?" erwiderte Knobelsdorff gelassen. „Deshalb habe ich auch nichts gesehen." – „Dann scher Er sich zurück nach Berlin!" rief der König wütend und drehte ihm den Rücken zu.

Knobelsdorff fasste diese Äußerung wörtlich auf, bestieg sein Pferd und ritt nach Berlin zurück.

Nach einiger Zeit bemerkte man das Verschwinden des Architekten. Da tat dem König seine Heftigkeit leid. Er schickte ihm einen Leibhusaren nach mit dem Befehl, sofort zurückzukommen.

Dieser traf ihn bei Wannsee und richtete seinen Auftrag aus. – Aber Knobelsdorff war eigensinnig: „Ich habe einem König mehr zu gehorchen als einem Kammerhusaren", erklärte er und ritt nach Berlin weiter. [2]

Der Alte Fritz und der Müller von Sanssouci

Als der Alte Fritz sich das Schloss Sanssouci gebaut hatte, störte ihn, wie erzählt wird, das Geklapper einer dicht daneben stehenden Mühle, und er ließ dem Müller sagen, er wolle sie ihm abkaufen, wie viel er auch haben wolle. Der Müller wollte aber nicht darauf eingehen.

Da ließ ihn der König vor sich kommen. „Hör Er", sagte der König, „seine Mühle stört mich, ich will sie Ihm abkaufen. Wie viel will Er dafür haben?" – Der Müller blieb aber dabei, dass er sie nicht verkaufen könne: Es sei ein altes Familienerbe; sein Vater und sein Großvater hätten schon die Mühle gehabt, und er wolle sie auch seinem Sohn hinterlassen. – Da wurde der König ärgerlich und drohte, er werde nicht viel Umstände machen: Er werde die Mühle abschätzen lassen, wie viel sie wert sei, und ihm dann das Geld geben. – Der Müller aber ließ sich nicht einschüchtern und meinte, das würde doch wohl nicht gehen, da müsste es ja in Berlin kein Kammergericht geben.

So gern der König die Mühle gehabt hätte – die Antwort freute ihn doch, und er hieß den Müller gehen. Die Mühle aber steht noch heutzutage da, dicht bei Sanssouci. [3]

Der Alte Fritz als Gründer von Nowawes

Der Alte Fritz befahl einst, in der Nähe von Potsdam ein Dorf anzulegen. Der Baumeister sollte mit dem Marktplatz beginnen und eine Kirche darauf setzen. Als nun der Baumeister fragte, wie der Platz denn aussehen solle, nahm der König seinen Dreimaster vom Kopf, warf ihn auf den Tisch und sagte: „So soll er aussehen!" – Darum ist der Marktplatz in Nowawes dreieckig geworden.

Die Bauleute hatten längst angefangen, in Nowawes Straßen anzulegen und Häuser zu errichten; aber noch immer hatte der Ort keinen Namen. Da kam einst der Alte Fritz vorüber und fragte die Maurer: „Wie soll denn das neue Dorf heißen?" – Die wussten's natürlich auch nicht, und einer von ihnen antwortete dem König: „No wer weeß?" – „Gut", sagte der König, „so soll es heißen", und nannte den Ort „Nowawes". [4]

Der Alte Fritz und die Hedwigskirche

Der Alte Fritz war sehr missmutig nach Hause gekommen. Er hatte einen eiligen Gang durch die Burgstraße vorgehabt. Auf halbem Wege aber war ihm ein wütender Bulle entgegengesprungen, den das Rot des Waffenrocks wild gemacht hatte. Dem König war nichts übrig geblieben, als der Übermacht zu weichen und eilig zu fliehen. Der Bulle hinter ihm her. Da sprang der verfolgte Herrscher auf eine Steintreppe vor dem Haus Nr. 15 und wartete dort zornig, bis er aus seiner Gefangenschaft erlöst wurde.

Als er dann ins Schloss zurückgekehrt war, erwartete ihn bereits eine Abordnung katholischer Bürger, die gern eine große Kirche in Berlin zu haben wünschten.

Der König nahm erst sein Frühstück ein. Darauf traten die Männer ein. Er hörte sie still an und versprach Gewährung. Sie wollten indes auch wissen, wie die Kirche wohl aussehen würde. – „Sie soll so aussehen!" sagte der Alte Fritz und kehrte seine Kaffeetasse dabei um.

Mit dieser Botschaft kehrte die Abordnung heim, und der Baumeister führte tatsächlich die Kirche so aus, von einer runden Kuppel überwölbt.

Dann schrieb der König an den Magistrat, dass die vielen Stufen vor den Häusern der Burgstraße zu entfernen seien, da sie den Verkehr behinderten. Die hohe Steintreppe vor dem Haus Nr. 15 aber solle erhalten bleiben zur Erinnerung daran, dass dort ein Bulle seinen Landesherrn gefangen gehalten hätte. [5]

Der Alte Fritz und sein Flötenlehrer Quantz

Der König zog gern seine Tafelgenossen ein wenig auf und nahm es nicht übel, wenn ihm in gleicher Weise heimgezahlt wurde. Das hübscheste Beispiel dieser Art bietet ein Scherz, den er sich eines Abends mit seinem Flötenlehrer Quantz leistete. In eines der Notenblätter, die Quantz an dem Abend benutzen musste, schrieb er die Worte: „Quantz ist ein Esel." Um Quantz gar nicht im Zweifel zu lassen, wem er diese liebenswürdige Bezeichnung verdankte, schrieb er in eine Ecke des Blattes: „Friedrich II."

Als Quantz das betreffende Notenblatt in die Hand nahm, war er keineswegs überrascht, sondern spielte ruhig das Stück herunter. Der König, ein wenig ärgerlich darüber, forderte ihn auf, vorzulesen, was auf dem Notenblatt handschriftlich hinzugefügt sei. – Quantz nimmt das Blatt und liest vor versammelter Hofgesellschaft: „Quantz ist ein Esel, Friedrich der Zweite." [6]

Der Alte Fritz und das Bild auf der Dose

Der Oberstallmeister Graf von Schwerin, einer der Lieblinge Friedrichs, wurde einst vom König mit einer kostbaren Dose beschenkt, auf welcher das Gemälde eines Affen war. Der Graf dankte ehrerbietigst, war aber kaum von dem Monarchen entlassen, als er die Dose nach Berlin zu einem Juwelier mit dem Auftrag schickte, das Bild des Affen wegzunehmen, statt dessen ein Porträt des Monarchen darauf zu setzen und dies alles gegen den folgenden Tag fertig zu haben.

Schwerin erhielt die Dose mit dem veränderten Gemälde am folgenden Morgen. Mittags war Tafel bei dem Monarchen, und der gegenwärtige Schwerin machte seine Nachbarn auf das Geschenk des Königs so aufmerksam, dass es selbst dem Monarchen auffiel. „Was gibt's da?" fragte er. – „Ich zeige meinen Nachbarn die Dose, die Eure Majestät mir schenkten." – „Gefällt sie Ihm?" – „Außerordentlich, und umso mehr, da das Gemälde mich immer an Eure Majestät erinnern wird." – Der Monarch stutzte. Er ließ sich die Dose zeigen und war mit dem sinnreichen Einfall des Grafen so zufrieden, dass er ihm noch eine schönere Dose mit seinem besser getroffenen Bildnis verehrte. [7]

Der Edelmann mit dem wunderbaren Namen

Nach Berlin kam einst ein fremder, ausländischer Edelmann, der einen gar wunderbaren Namen hatte, so dass ihn die Berliner nicht behalten konnten. Der Edelmann kam auch in das königliche Schloss, und bei der Vorstellung fragte ihn der Alte Fritz, der den Namen ebenfalls nicht behalten hatte, wie er heiße. – Der Edelmann erwiderte: „Majestät, ich heiße Zirrizarrikorumbarrizizaremba." – Verwundert über den Namen, sagte der König: „Alle Wetter, so heißt ja der Teufel nicht." – Und schlagfertig antwortete der Edelmann: „Ja, Majestät, der gehört auch nicht zu meiner Verwandtschaft." [8]

Der Alte Fritz und das Dienstmädchen

In einem der Vororte Berlins stand einmal ein Dienstmädchen im Kuhstall und reinigte ihn. Barfuß und tüchtig aufgeschwänzt schanzte sie, dass es eine Lust war. Dabei war sie recht heiter und sang ein munteres Liedlein. Sehr reizend sah das Mädchen bei der Arbeit gerade nicht aus, was sich wohl jeder leicht denken kann.

Mit einem Mal stand ein bejahrter Mann in der Stalltür, grüßte und meinte, sie sei ja sehr fleißig und so fröhlich dazu; das gefalle ihm. – Ich weiß nicht, was die Magd ihm geantwortet hat und was noch weiter zwischen ihnen geredet wurde. Tut auch nichts zur Sache. Genug, nachdem der Fremde eine Weile zugeschaut hatte, sah er nach der Uhr und ging weiter.

Am selben Nachmittag erhielt der Bauer, bei dem das Mädchen diente, einen Brief, in welchem ihm befohlen wurde, am nächsten Vormittag um die und die Zeit mit seiner Magd im königlichen Schloss zu erscheinen, die Magd aber genau so, wie sie vormittags im Kuhstall ausgesehen habe.

Da fragte der Bauer das Mädchen: „Ist heute jemand bei dir im Stall gewesen?" – „Ja, ein alter Mann sah da herein, und so und so hat er gesagt", lautete die Antwort. – „Nun, dann wird's wohl richtig sein", sagte der Bauer, „das ist sicherlich kein anderer gewesen als der König."

Des andern Tages um die festgesetzte Stunde langten die beiden im Schlosse an. Der König empfing sie sehr freundlich, führte sie in eine besondere feine Stube und nötigte sie, auf den zwei gepolsterten Stühlen Platz zu nehmen. „Ich muss auf einige Minuten fortgehen", sagte er. „Sollte unterdessen jemand hereinkommen, so steht hübsch auf; nachher könnt ihr euch wieder setzen."

Also ging der Alte Fritz hinaus, ließ fünfundzwanzig Soldaten seines Leibregiments nach dem Alter antreten und sprach zu diesen: „Ich habe da drin einen hübschen Vogel. Jeder von euch wird hineingehen und ihn sich besehen. Danach wird er mir sagen, ob er ihm gefallen hat. Aber keiner darf den anderen verraten, was das für ein Vogel ist."

Nun ging der älteste von den Soldaten ins Schloss, aber wie er wieder herauskam, sagte er: „Mir gefällt der Vogel nicht." So ihrer Vierundzwanzig. – Da sprach der König zu dem Jüngsten: „Na, dir wird er doch gefallen?" – Der ging hinein, betrachtete das Mädchen ganz genau und sagte dann, als er zurückkehrte: „Ja, mir gefällt er."

Hierüber war der Alte Fritz hocherfreut. Die fleißige Dirne musste sich nun sogleich allen Schmutz abwaschen, erhielt vom König selbst prächtige neue Kleider und wurde alsbald mit dem jungen Soldaten zusammengetraut. Die Hochzeit richtete der König ebenfalls aus, und zuletzt schenkte er dem hübschen Paar noch einen ganzen Bauernhof. – Da meinten die Vierundzwanzig doch: „Das sollten wir gewusst haben!" [9]

Friedrich II. und die Schuljungen

Friedrich hörte nicht nur naive und originelle Äußerungen sehr gern, sondern wusste sie auch ebenso zu beantworten. Einst ritt er mit einem General neben dem Kirchhof der Marienkirche in Berlin vorbei. Auf diesem Platz tummelten sich die Knaben herum und machten so viel Lärm, dass der König in seiner Unterredung mit dem General gestört wurde. Unwillig hob er die Krücke auf und sagte drohend: „Ihr Buben, wollt ihr bald in die Schule! Wartet, ich werde es eurem Schulmeister sagen!" – Einer der Knaben, der dem Monarchen am nächsten war, rief lachend: „Seht doch den, der will König sein und weiß nicht einmal, dass wir des Mittwochs Nachmittag frei haben!" – Friedrich sagte lächelnd: „Es wird ja immer besser! Nun soll ich mich auch noch um die Klippschulen bekümmern." [10]

Der Alte Fritz und der junge Prediger

Einmal kommt ein junger Priester hin zum Alten Fritz und klagt ihm, dass er keine Stelle kriegen könne. Alle, die mit ihm zusammen Prüfung gemacht haben, haben schon eine Stelle, und er muss immer noch warten. – „Wie kommt das?" fragt ihn der Alte Fritz. – Ja, sagt er, die anderen haben alle ihre Gönner, und er hat keine. – Na, sagt der Alte Fritz, wenn er ihm eine Stelle besorgen solle, dann müsse er erst wissen, ob er auch etwas kann. Er werde ihm Gelegenheit geben, dass er am nächsten Sonntag in der Garnisonskirche predigen könne. Er werde ihm einen Text aufschreiben, über den solle er predigen. Aber den Zettel dürfe er nicht eher aufmachen als auf der Kanzel. Er komme dann selber zur Kirche und höre sich die Predigt an. Und wenn sie ihm gefalle, dann solle er gleich eine Stelle haben.

Der Sonntag kommt heran, und Friedrich sitzt in der Kirche. Der Priester steigt auf die Kanzel und hat seinen Zettel in der Hand. Und als er nun den Zettel aufmacht, da ist es ein Stück weißes Papier. – „Na", denkt der Alte Fritz, „was wird er nun machen?"

„Ja", sagt der Priester, „hier ist nichts" – und nun dreht er den Zettel um – „und da ist nichts." Und nun fängt er an zu predigen: „Und aus nichts hat Gott die Welt erschaffen, aus nichts ist der Mensch zur Welt geboren." Und er hält eine Predigt über „Nichts", das muss nur so sein.

Das hat dem König gefallen, dass der Priester sich gar nicht gescheut hat. Und er hat ihm gleich eine Stelle besorgt. [11]

Der Alte Fritz und der ungläubige Pastor

Einmal kommt ein Schulze aus einem Dorf mit noch ein paar Bauern ganz aufgebracht zum Alten Fritz. – „Na", sagt der Alte Fritz, „was habt ihr denn für Schmerzen?" – „Ja", sagt der Schulze, „wi wille ose Preester los sinn." – Nun fragt der Alte Fritz sie, was er denn gemacht habe, dass sie ihn nicht mehr behalten wollten. – „Ja", sagen sie nun, „he hett am Sunndag in 't Kirch predigt, he glöövt nich an 't Auferstehung." – „Ih", sagt der Alte Fritz,

„wenn er nicht daran glauben will, daran braucht ihr euch doch nicht zu kehren. Wenn's weiter nichts ist, deshalb könnt ihr ihn ruhig behalten. Wenn er nicht aufstehen will, dann lasst ihn doch. Da kann er ja ruhig liegen bleiben, wenn die anderen alle aufstehen." [12]

Der Alte Fritz und das Reitpferd des Pfarrers

Der Pastor einer großen Pfarrgemeinde mit zerstreut wohnenden Gemeindeangehörigen wandte sich an den Alten Fritz mit der Bitte, ihm das Geld zu einem Reitpferd zu bewilligen, damit er beritten seine große Gemeinde betreuen könne.

Das Bittgesuch wird abschlägig beschieden; der König hat die Randbemerkung gemacht: „In der Bibel steht: Gehet hin in alle Welt. Vom Reiten ist nicht die Rede." [13]

König Fritz und der Rabbi

König Fritz bekam einmal von einem Rabbi aus einem kleinen Städtchen des Ostens einen Brief, worin sich der Rabbi darüber beklagte, dass sich einige Mitglieder seiner Gemeinde die Bärte geschoren hätten, was wider das Gesetz sei, und dass diesem Beispiel auch schon andere gefolgt seien, so dass in kurzem in seiner Gemeinde nur noch bartlose Männer zu finden sein würden. Der König möge doch seinen Gemeindemitgliedern das Bartscheren verbieten, denn seinen [des Rabbis] Anordnungen leiste man einfach nicht Folge.

Nach einigen Tagen erhielt der Rabbi ein Schreiben von dem König, und als er es erfreut öffnete, las er: „Die Juden sollen mich und ihre Bärte ungeschoren lassen! Friedrich." [14]

Der Alte Fritz und der Lästerer

Der Magistrat einer kleinen märkischen Stadt ließ einst einen Bürger arretieren, weil er Gott, den König und einen edlen Magistrat gelästert hatte. Der Bürgermeister stattete hiervon dem König Bericht ab, um zu erfahren, welche Bestrafung ein solcher Verbrecher verdiene.

Der Monarch schrieb mit eigener Hand unter diese Vorstellung: „Dass der Arrestant Gott gelästert hat, ist ein Beweis, dass er Gott nicht kennt, und dabei verliert niemand mehr, als er selbst. Dass er mich gelästert hat, verzeihe ich ihm gern. Dass er aber einen edlen Magistrat gelästert hat, dafür soll er exemplarisch bestraft werden und auf eine halbe Stunde bei Wasser und Brot in Spandau sitzen." [15]

Friedrich II. und das Finkennest

Zwischen den Städten Brandenburg, Belzig und Brück dehnt sich ein großer Kiefernwald aus, nach einem früheren Besitzer „Brandts Heide" genannt. Ein ansehnliches Stück dieses Waldes, nach Brandenburg zu gelegen, führt von Alters her den Namen „Finkennest", doch weiß man über den Ursprung dieses Namens nichts Bestimmtes anzugeben.

Ehemals soll das Finkennest nicht der Familie von Brandt gehört haben, sondern noch zur Zeit Friedrichs II. königliches Besitztum gewesen sein, und über die Art und Weise, wie es in den Besitz eines Herrn von Brandt übergegangen ist, erzählt man sich folgendes:

Herr von Brandt hatte schon lange den Wunsch gehegt, durch den Erwerb des Finken-nestes sein Besitztum zu vergrößern und besser abzugrenzen, und endlich fasste er sich ein Herz, schrieb an den König und bat ihn, ihm das Finkennest zu verkaufen.

Friedrich II. lachte, als er die Bezeichnung „Finkennest" las, und sagte zu seinem Hof-narren: „Es ist zum Lachen, dass der Brandt von mir ein Finkennest kaufen will. Ich will es ihm lieber schenken."

Als der Herr von Brandt von dieser Gnade des Königs Kunde erhielt, setzte er sich sofort hin und verfasste ein Dankschreiben an ihn. – Dadurch mochte wohl dem König klar werden, dass er vielleicht doch mehr als ein gewöhnliches Finkennest verschenkt habe, und er äußerte zu seinem Hofnarren: „Wir wollen doch einmal hinfahren und das Finkennest besehen, das wir dem Herrn von Brandt geschenkt haben."

Als aber der König durch den ihn führenden Oberförster erfuhr, wie groß das verschenkte Waldrevier war, wurde er unwillig über seine voreilige Freigebigkeit und sagte: „Das war einmal, dass ich ein Finkennest verschenkte, aber es geschieht nie wieder. Für diesmal mag es geschenkt bleiben, denn ein König darf sein Wort nicht brechen." [16]

König Fritz verspielt die Madü

König Fritz hat einmal Besuch, der russische Zar ist da. Und der Zar unterhält sich mit Pinkus, Fritz seinem Hofnarren. Der Zar stellt ihn mächtig auf die Probe. Aber Pinkus ist auch gewitzt und bleibt ihm keine Antwort schuldig. Der Zar hat seine Freude an ihm, und zuletzt wickelt er ihn doch ganz und gar ein. Er stellt ihm solche Fragen, dass er nicht mehr aus und ein weiß.

König Fritz ärgert das nun mächtig, dass Pinkus sich so hat fangen lassen, und jagt ihn Knall und Fall weg. Er solle ihm nicht mehr vor die Augen kommen, sagt er zu ihm.

Am Abend setzt König Fritz sich mit dem Zaren hin, und sie spielen beide Karten. Sie spielen aber nicht um Geld, sie spielen um die Madü. Der Zar aß so gern Maränen und hatte zu Fritz gesagt: „Wenn ich doch einen See kriegen könnte, in dem Maränen sind." Er hätte schon in so viele Seen Maränen eingesetzt, hätte aber kein Glück damit gehabt. Dies wäre nun eine Gelegenheit, bei der er zu Maränen kommen könne.

Und Fritz hat sich an dem Tag so über Pinkus geärgert, dass ihm alles ganz egal ist. Und auch beim Karten spielen hat er kein Glück. Er kriegt ein fürchterlich schlechtes Blatt an dem Abend. Genug, er verspielt die ganze Madü.

Am andern Morgen verabschiedet sich der Zar und fährt weg, zurück nach Petersburg.

Und nun der arme Pinkus! Er schlendert die Straße entlang und weiß nicht, was er anfangen soll. Arbeiten hat er nicht gelernt, kann er auch nicht. Seinen Hofnarrenposten ist er los, König Fritz hat ihn weggejagt. Was nun? Geld hat er auch nicht viel, dass er davon leben kann. Und mit seinem Grübeln hat er gar nicht so recht bemerkt, dass er schon aus Berlin heraus ist.

Da sieht er einen Kerl mit einer Fuhre Kies ankommen. „Halt", denkt Pinkus, „dies kann dich noch retten." Pinkus fragt ihn, was die Fuhre Kies kosten soll. – Na, so viel Geld hat er gerade noch. Er kauft dem Kerl die Fuhre Kies ab und sagt, er solle sie vor das Schloss fahren und vor dem Fenster des Königs abladen. – Der Kerl tut das auch, und Pinkus setzt sich auf seinen Kies drauf.

König Fritz ist an dem Tag nicht gut gelaunt. Er hat die ganze Nacht kein Auge zugetan. Das ärgert ihn doch ganz grausam, dass er seine schöne Madü verspielt hat. Das kann er gar nicht verwinden. Und das alles bloß wegen des dämlichen Pinkus.

Nun kriegt er einmal die Augen zum Fenster hinaus, und wen sieht er da sitzen – auf einem Haufen Kies? Pinkus. Na, nun steigt ihm das aber noch einmal so richtig hoch. Er reißt das Fenster auf und schreit hinunter zum Hofnarren: „Gestern Abend habe ich den verfluchten Kerl weggejagt und habe ihm gesagt, er solle mir nicht mehr vor meine Augen kommen, und nun sitzt er schon wieder vor meiner Türe. Nun mach aber, dass du wegkommst, sonst lasse ich dich durch die Wache wegbringen. Und du weißt ja, die Kerle spaßen nicht." – „Majestät", sagt Pinkus, „mich kann hier keiner wegjagen. Ich sitze auf meinem eigenen Grund und Boden." – „Wo sitzt du drauf?" ruft Friedrich hinunter. – „Auf meinem eigenen Grund und Boden. Diese Fuhre Kies gehört mir, die habe ich mir gekauft. Und ich habe noch nicht gehört, dass einer so mir nichts, dir nichts von seinem eigenen Grund und Boden vertrieben werden kann." – „Na", sagt Fritz, „denn komm mal rauf!"

Pinkus geht nun auch hinauf, rein zu König Fritz, und tut, als wenn nichts gewesen ist. – „Pinkus", sagt Fritz, „ich seh, schlau büst du doch. Aber nun sag mir bloß mal, warum hast du dich gestern vom Zaren so einwickeln lassen? Das hat mich doch ganz barbarisch geärgert." – „Ja, Majestät", sagt Pinkus, „die klugen Hühner schieten auch öfters in die Nesseln und verbrennen sich den Arsch."

„Na", sagt Fritz, „Er sieht das doch wenigstens ein. Nun werde ich Ihm etwas erzählen. Ich hab' gestern Abend meine schöne Madü an den Zaren verspielt. Wenn du mir die Madü wieder verschaffen kannst, dann wirst du wieder mit sämtlichen Würden in dein Amt als Hofnarr eingesetzt." – „Kleinigkeit", sagt Pinkus, „das wird besorgt. Aber Majestät muss mir eine Bescheinigung mitgeben, dass Majestät mich schickt. Der Zar weiß, dass ich weggejagt worden bin und glaubt mir das sonst nicht."

König Fritz macht ihm gleich das Schreiben fertig, und Pinkus fährt los, hin nach Petersburg. Er wird auch vorgelassen beim Zaren. – „Na", sagt der Zar, „bist du schon wieder beim König?" – „Ja", sagt Pinkus, „ich bin in meine sämtlichen Ämter und Würden eingesetzt." – „Na", sagt der Zar, „was will denn König Friedrich von mir, dass du gleich hinter mir herkommst?" – „König Fritz schickt mich her und lässt Ihnen durch mich sagen, Sie sollen sich sofort Ihre Madü wegholen lassen, er will Erbsen säen auf seinem eigenen Grund und Boden." – „Der ist wohl verrückt", sagt der Zar. „Wie kann ich denn die Madü wegholen lassen, das ist doch lauter Wasser." – „Das weiß ich auch nicht", sagt Pinkus. „Er hat nur gesagt, Sie haben die Madü gewonnen, und nun gehört sie Ihnen auch. Und König Fritz will sie los sein, damit er auf dem Grund und Boden, den er nicht verspielt hat, Erbsen säen lassen kann. Er hat keine Zeit, jahrelang zu warten, bis die Madü weggeholt wird." – „Na", sagt der Zar, „dann fahre nur wieder hin nach Berlin und sage dem König, er soll mit seiner Madü machen, was er will. Ich will sie nicht mehr haben." – „Ja", sagt Pinkus, „das ist alles recht gut und schön. Aber wenn ich hinkomme nach Berlin und erzähle das dem König, dann glaubt er mir das nicht. Das muss ich schriftlich mitbringen."

Der Zar lässt auch gleich das Schreiben aufsetzen, dass er auf die Madü verzichtet, setzt seinen Namen darunter, und Pinkus reist nach Berlin.

Er muss auch gleich zum König hinaufkommen. – „Na", sagt König Fritz, „wie ist es geworden?" – Nun weist Pinkus sein Schreiben vor, das ihm der Zar ausgestellt hat. – „Pinkus", sagt Fritz, „du bist doch ein tüchtiger Kerl."

Er wird nun wieder als Hofnarr eingesetzt. Und König Fritz freut sich, dass er die Madü wieder hat. [17]

Der Alte Fritz und der Matrose

Ein von der Insel Rügen gebürtiger Matrose kam eines Tages nach Berlin, um sich die Stadt zu besehen. Da Seeleute auf dem Lande sehr schwerfällig und schlecht zu Fuß sind, so mietete sich der Matrose ein Pferd, um in der Stadt umherreiten zu können. Als ihm das Pferd vorgeführt wurde, setzte er sich verkehrt in den Sattel, so dass sein Gesicht nach dem Schwanz des Pferdes gewendet war.

In dieser Stellung ritt er zum großen Vergnügen der Jugend mitten durch die Straßen, und so kam er auch in die Nähe des königlichen Schlosses, wo gerade der Alte Fritz am Fenster stand. Als dieser den sonderbaren Reiter bemerkte, schickte er seinen Hofnarren auf die Straße und ließ ihn fragen, „was anliege". – Der Matrose glaubte, der König wolle wissen, welchen Kurs er steuere, und antwortete daher: Er selbst wisse nicht recht Bescheid damit, der Fragende möge sich lieber bei dem erkundigen, der hinten in der Kajüte wohne.

Als der König diese Antwort vernahm, gefiel sie ihm so gut, dass er den Matrosen zur Mittagstafel befahl. Als dieser sich pünktlich einstellte, ließ der König ihn zu seiner Linken Platz nehmen, während der Hofnarr zur Rechten des Königs saß.

Der Hofnarr zürnte aber dem Matrosen, weil dessen Antwort dem König so wohl gefallen hatte. Deshalb suchte er ihn zu blamieren und bei dem König in Ungnade zu bringen. Um dies zu erreichen, erhob er sich plötzlich, schlug seinem rechten Nebenmann, einem hohen Offizier, eine schallende Ohrfeige und sprach: „Gib's weiter!"

Der Offizier schickte die Ohrfeige mit denselben Worten weiter, und so kam sie schließlich auch an den Matrosen. Dieser war in großer Verlegenheit: Einerseits wusste er sehr wohl, dass er die Ohrfeige nicht weiterschicken durfte, wenn er nicht sein Leben riskieren wollte; andererseits aber durfte er sie auch nicht behalten, wenn er nicht vor der ganzen Tisch-gesellschaft blamiert sein wollte. Deshalb kommandierte er laut: „Re!" Und gab die Ohrfeige dem zurück, von dem er sie soeben bekommen hatte.

Auf diese Weise kam sie zum großen Vergnügen des Königs an den Hofnarren zurück, der sie natürlich auch nicht weiter geben durfte. Und so hatten alle Gäste des Königs zwei Ohrfeigen und der Matrose allein nur eine Ohrfeige bekommen. [18]

Der Alte Fritz und sein Schimmel

Nach den Schlesischen Kriegen hatte der Alte Fritz einen Hofnarren mit Namen Kion. Dieser machte die tollsten Streiche.

Der König ritt in den Friedensjahren gern einen Schimmel, und als der alt und schwach war, kündigte der König seiner Dienerschaft an, dass derjenige, der ihm die Nachricht vom Tode des Schimmels bringe, ebenfalls sterben solle.

Eines Morgens streifte Kion in den Ställen des Königs umher und sah den Stallmeister vor der Tür des Pferdestalles mit sehr bekümmertem Gesicht stehen. Er fragte ihn nach dem Grund seiner Bekümmernis, und der Stallmeister erwiderte: „Der alte Schimmel des Königs ist gestorben, und nun denke ich an die Strafe, die der König für den ausgesetzt hat, der ihm die Nachricht bringt. – „Oho", sagte Kion, „da ist schon zu helfen."

Und eiligst ging er zum König hinauf, von dem er mit der Frage empfangen wurde: „Na, was will Er denn schon wieder?" – Kion antwortete: „Ja, Fritz, ich weiß nicht, was es mit deinem Schimmel ist; er frisst nicht, er trinkt nicht, er liegt ruhig auf der Seite." – „Na", erwiderte der König, „dann ist er wohl tot?" – „So", antwortete Kion, „du hast selbst gesagt, dass er tot ist; also musst du sterben, und ich werde gleich zum Scharfrichter laufen." Und damit war er schon zur Türe hinaus. [19]

König Fritz und der Gehaltsabbau

König Fritz hat Gehaltsabbau gemacht bei seinen Angestellten und hat bei denen mit dem niedrigsten Gehalt angefangen. Die kommen nun zusammen und beratschlagen, wie sie sich dagegen wehren können. Der eine sagt: „Da können wir gar nichts gegen machen." – Der andere sagt: „Wenn wir etwas wollen, dann müssen wir den Hofnarren vorschicken, denn der ist ja selbst auch mit betroffen." – „Na ja." – Und das haben sie nun beschlossen: Das macht der Hofnarr!

Der Hofnarr ist nun dabei, die Treppe zu scheuern, und fängt von unten an und scheuert so nach oben hinauf. Und die Stufen, die er sauber hat, knetet er gleich wieder voll Dreck.

Nun kommt Fritz an und sagt: „Du Narr, was machst du denn hier?" – „Ich scheuer die Treppe", sagt der. – „Da musst du doch von oben anfangen", sagt Fritz. – „Das ist nicht richtig", sagt der Narr. – „Natürlich ist das richtig", sagt Fritz. – „Ja, Majestät haben doch bei dem Gehaltsabbau auch von unten angefangen." – „Ja, das ist auch wohl nicht richtig", hat Fritz gesagt und hat da einen Strich durch gemacht: Da ist ja nicht gekürzt worden. [20]

König Fritz und der Zauberer

Ein Zauberer hat König Fritz das Zaubern gelehrt. Als der Zauberer nun kommt und sein Geld holen will, lässt König Fritz einen großen See vor seinem Schloss entstehen, dass er nicht herankommen kann. König Fritz beugt sich nun auf seinem Balkon vor und lacht den Zauberer aus. – Der Zauberer sagt zu ihm, er solle das Wasser da wegmachen. – Nein, sagt König Fritz, das täte er nicht. – Da zaubert der Zauberer König Fritz ein großes Hirschgeweih vor den Kopf, dass er nicht ins Zimmer hineinkommen kann. – König Fritz schimpft und sagt dem Zauberer, er solle ihm das Gehörn wegmachen. – Ja, sagt der Zauberer, dann solle er erst das Wasser wegmachen und ihm dann sein Geld geben.

Na, König Fritz muss das ja tun, und der Zauberer holt sein Geld. König Fritz schimpft aber, dass der Zauberer ihn nicht alles gelehrt habe. Er sagt, zur Strafe müsse er Berlin innerhalb von vierundzwanzig Stunden verlassen.

Da ist der Zauberer aus allen Toren gleichzeitig mit vier schwarzen Pferden hinausgefahren. [21]

Im Lande und im Schloss

Der Alte Fritz und der reiche Herr von Flemming

Der reiche Herr von Flemming aus Basenthin fuhr einmal von Altdamm nach Stettin. Er hatte sechs Pferde vor seinem Wagen. Unterwegs kam ihm ein Viergespann entgegen. Der Weg war schmal und schlecht, die Wagen konnten auf der Straße nicht aneinander vorbeikommen. Keiner wollte dem andern aus dem Weg fahren.

Da sagte der Herr aus Basenthin: „Fahr mir aus dem Weg, ich bin der reiche Herr aus Basenthin!" – Der andere sagte darauf: „Und ich bin der arme Schulze aus Berlin!" Das war der Alte Fritz, der machte seinen Mantel auf und zeigte seinen Königsstern. Der reiche Herr von Flemming erschrak. Das hatte er nicht gedacht.

Zur Strafe dafür, dass er dem König nicht aus dem Weg fahren wollte, erging aus Berlin die Verfügung, er müsse fortan die Straße von Altdamm bis Stettin in Ordnung halten lassen. [22]

Der Bauer, der Edelmann und der Alte Fritz

In einem Dorfe wohnten einmal ein Bauer und ein Edelmann, die waren einander spinnefeind. Des Bauern Hof lag aber so, dass er jedesmal bei dem Schloss vorbei musste, wenn er in die Stadt wollte. Eines Tages fuhr er zum Jahrmarkt und hatte ein Fuder Stroh auf dem Wagen. Als er an den Gutshof kam, rief ihm des Edelmanns Sohn zu: „Bauer, was hat Er geladen?" – „Stroh, Junker, Stroh", antwortete der Bauer und fuhr weiter.

Das ärgerte den Junker, dass der Bauer so kurz angebunden war, und wie er des Abends zurückkehrte, stand er wieder am Tor und rief: „Bauer, war der Markt groß?" – „Junker, ich habe ihn nicht gemessen", gab der zur Antwort. – „Das meine ich nicht, Bauer", sagte der Junker, „ich frage, ob viele Leute da waren." – „Junker, ich habe sie nicht gezählt", erwiderte der Bauer und fuhr seiner Straße, hörte aber noch, wie der Junker zum Edelmann lief und sich beklagte und wie dieser sprach: „Warte nur, morgen lasse ich ihn rufen. Da will ich ihm die Hunde auf den Pelz hetzen, dass sie ihm die Hosen flicken."

Über den bösen Anschlag des Edelmanns war der Bauer sehr betrübt, und als er nach Hause kam, klagte er der Frau seine Not. – „Was wollen die Dickköpfe von dir?" sprach die Bäuerin. „Hast du ihnen nicht recht geantwortet? Aber ich werde schon dafür sorgen, dass dich ihre Hunde nicht beißen sollen." Damit ging sie in den Garten und stellte die Falle, und über Nacht fing sich der Hase darin, der immer in den Kohl kam.

Den Hasen musste sich der Bauer unter den Rock knöpfen, als er im Kirchenstaat zum Edelmann ging, damit er ihn laufen ließe, wenn die Hunde auf ihn gehetzt würden.

Die List der Frau hatte dem Bauern eingeleuchtet, und er pochte mit der Faust an das Tor des Gutshofes. – „Wer ist da?" rief der Junker. – „Der nicht drinnen ist", erhielt er zur Antwort. – Da erkannte der Junker, dass es der Bauer sei, und öffnete das Tor und ließ sogleich die Hunde los auf ihn. Indem knöpfte der Bauer den Rock auf, und der Hase sprang heraus.

Siehe, da achteten die Hunde nicht weiter auf den Bauern, sondern verfolgten den Hasen. Der lief durch den Garten und schlüpfte durch den Zaun, wo ihm die Hunde nicht folgen konnten. Das verdross ein Windspiel, des Edelmanns Lieblingshund, und es wollte über den Zaun setzen, sprang aber zu kurz, dass es hängen blieb und der spitze Pfahl seinen Leib aufschlitzte.

Der Edelmann schrieb die Schuld an dem Tod des Hundes dem Bauern zu und ward noch zorniger auf ihn denn zuvor und verschwur sich hoch und teuer, ihn zu strafen.

Am nächsten Tag ließ er ihn zu sich rufen, dass er bei ihm zu Mittag speise. Der Bauer ging auch getrost hin. Doch während der Edelmann und der Junker und was sonst noch zu der Herrschaft gehörte Karpfen bekamen, waren für den Bauern nur Stinte und trockne Kartoffeln gedeckt.

Der Bauer nahm einen Stint und hielt ihn an sein Ohr, als wenn er etwas von ihm erfahren wollte, und rief dann laut: „Ach, Stint, was du mir sagst, hab' ich schon lange gewusst!" – Der Edelmann wurde neugierig und fragte, worum es sich handle. – „Ih, es war weiter nichts", sprach der Bauer, „der Stint hat mir nur gesagt, dass Eure Großmutter sich in dem Wasser ertränkt hat, aus dem die Karpfen da stammen." – „Dann esse ich sie nicht", rief der Edelmann, „und meine Leute sollen sie auch nicht essen", und schob die ganze Schüssel dem Bauern hin. Der ließ sich die guten Fische wohl schmecken und aß die Schüssel rein aus, dass sich der Edelmann wunderte, wie ihm nicht eklig würde über dem Gericht.

Nach dem Essen sprach der Edelmann: „Bauer, will Er ein Glas Wein trinken?" – „Warum nicht, wenn ich nur eins hätte!" gab ihm der Bauer zur Antwort. – Da gab der Edelmann dem Kammerdiener einen Wink, und dieser setzte dem Bauern ein Glas Wein vor, das war zu drei Vierteln mit Wasser vermengt. Der Bauer merkte das wohl, und als er den ersten Zug getan, verzog er den Mund von einem Ohr zum andern. – „Schmeckt Ihm der Wein nicht?" fragte der Edelmann. – „Im ganzen Leben nicht!" antwortete der Bauer: „Wenn die Sonne den vierundzwanzig Stunden beschienen und Wasser gezogen hat, so ist er noch nicht gut."

Das hatte der Edelmann erwartet, und er sprach: „Ich habe keinen besseren Wein! Friedrich, geh mit ihm in den Keller und weis' ihm die beiden Fässer! Da mag er selbst sehen, dass ich die Wahrheit gesprochen." Friedrich sollte aber im Keller dem Bauern die Hundepeitsche geben, und dieser merkte das wohl.

Als sie im Keller waren, machte er sich darum geschwind an die beiden Fässer und stieß die Spundlöcher auf, so dass der Wein herausquoll und in den Keller lief. Da dachte der Kammerdiener nicht an die Hundepeitsche und nicht an den Bauern, sondern nur daran,wie er den schönen Wein retten könne, und sprang herzu und steckte in jedes Spundloch einen Daumen, dass die Fässer nicht weiter auslaufen möchten.

Kaum hatte Friedrich die Daumen drinnen, so ergriff der Bauer die Hundepeitsche und schlug damit aus Leibeskräften auf ihn ein. Der Kammerdiener schrie Ach und Weh und rief das ganze Schloss zur Hilfe herbei. – Der Edelmann und der Junker hörten es wohl, aber sie dachten, es sei der Bauer, der so kläglich rufe, und sie freuten sich in ihrem Sinn und riefen in den Keller hinab: „Immer tüchtig, Friedrich, immer tüchtig!" - „Ich werde mein Möglichstes tun", sagte der Bauer, aber endlich konnte er doch nicht mehr.

Da nahm er zwei Speckseiten vom Nagel und steckte sie unter den Rock und ging ganz krummbucklig vom Hof herunter. Der Edelmann sah ihn und fragte höhnisch: „Nun, hat Er genug bekommen?" – „Auf vier Wochen wird es reichen", gab ihm der Bauer zur Antwort und machte, dass er nach Hause kam.

Inzwischen hatte es den Edelmann Wunder genommen, dass Friedrich immer noch nicht aus dem Keller zurückkommen wollte. Endlich stieg er selbst hinab und sah die Bescherung. Friedrich lag halbtot auf der Erde und hatte in jedem Spundloch einen Daumen stecken, und die waren so angeschwollen, dass er sie nicht wieder herauskriegen konnte.

Da mussten die Fässer zerschnitten werden, und der Schade war so groß, dass der Edelmann dem Bauern in seinem Zorn alles Land nahm, das er hatte, und der mit einem Schlag ein ganz armer Mann wurde.

„Was ist nun zu tun, Mutter?" fragte er traurig. – „Vater, du musst zu dem Mann gehen, der über den Edelleuten steht", sagte die Bäuerin. „Von dem lässt du dir eine Klage machen, dass wir unser Land wiederbekommen. Du musst ihm aber auch etwas schenken, sonst tut er's am Ende nicht." – Sagte der Bauer: „Je nun, was soll ich ihm schenken?" – „Schöne Käse, die wird er gewiss gerne essen", sprach die Bäuerin, „davon packe ich dir eine Mandel [15 Stück] ein." Und so geschah es auch.

Als der Bauer in seinem Kirchenstaat, den Querbeutel auf dem Buckel, in die Stadt gekommen war, sah er einen Soldaten Schildwacht stehen und fragte ihn: „Du, sag mir einmal, wo gehe ich hier recht zu dem Mann, der über die Edelleute zu kommandieren hat?" – „Ei, das ist ja der Alte Fritz", sagte der Soldat, „der wohnt weiter in die Stadt hinein in dem großen Schloss."

Da ging der Bauer dorthin. Aber der Posten vertrat ihm den Weg und rief: „Bauer, zum Alten Fritz darfst du nicht, du bist ja nicht angemeldet." – „Lass mich nur, ich gebe dir auch die Hälfte ab von dem, was ich vom König bekomme", sagte der Bauer. – Da ließ ihn der Posten passieren.

Jetzt kam aber der Kammerdiener, der die Rede mit angehört hatte, und hielt ihn am Rockschoß zurück. – Sprach der Bauer: „Lass mich nur gehen! Du sollst auch die andere Hälfte von dem erhalten, was mir der Alte Fritz geben wird." – Da ward der Kammerdiener mit einem Mal sehr freundlich und machte ihm selbst die Türe auf, die in die Stube führte, in welcher der Alte Fritz war.

Der war so freundlich, ei, so freundlich, dass der Bauer ihm ohne Furcht die ganze Geschichte erzählte, wie sie sich zugetragen hatte. Und als er damit fertig war, bat er den König, dass er ihm die Klage aufsetze, dass er sein Land wiederbekäme. Sein Schade solle es nicht sein. Und damit zog er aus dem Querbeutel die Mandel Käse hervor. – Da lachte der Alte Fritz und nahm den Käse und versprach dem Bauern, er wolle ihm wieder zu seinem Land verhelfen. – „Wirst du auch Wort halten?" fragte der Bauer. – „Was ich sage, das muss geschehen", antwortete der Alte Fritz, „dafür bin ich König. Und damit du besser nach Hause kommst, will ich dir hier ein paar Taler Geld schenken." – Der Bauer aber dachte an das Versprechen, das er dem Kammerdiener und dem Posten gegeben hatte, und sprach: „Geld mag ich nicht, aber ein Paar Ohrfeigen, die hätte ich gerne." – „Da hast du sie", lachte der König, und der Bauer bedankte sich schön. Und als er zur Türe heraustrat und die beiden ihren Lohn verlangten, holte er aus und gab jedem eins hinter die Ohren, und sie durften sich nicht einmal darüber beklagen, denn sie hatten es sich selbst vorher so ausbedungen.

Als der Bauer nach Hause kam, hatte der Alte Fritz schon alles in Ordnung bringen lassen, und der Edelmann kam ihm mit seinem Sohn, dem Junker, gar freundlich entgegen, und sie erstatteten ihm alles Land zurück, was sie ihm vorher unrechtmäßigerweise genommen hatten. Und der Bauer hat von da an in Ruhe und Frieden auf seinem Hofe gesessen bis an sein seliges Ende. Und wenn er nicht gestorben wäre, so lebte er noch heute. [23]

Friedrich der Große und der pommersche Bauer

In einem Dorf in der Gegend von Treptow an der Rega stieß der Hof eines Bauern mit dem Garten des Edelmanns unmittelbar zusammen. Der unachtsame Gärtner ließ die Gartentür häufig offen stehen, und so geschah es, dass ein Schwein des Bauern in den Garten lief und unter den Gewächsen und Töpfen eine gewaltige Zerstörung anrichtete.

Der aufgebrachte Gutsherr ließ sofort den Bauern kommen, und obgleich der arme Teufel seine Unschuld beteuerte, wurden ihm ohne weiteres fünfzig Prügel aufgezählt. „Kommt deine Bestie", so rief der erzürnte Edelmann ihm nach, „noch einmal in meinen Garten, so schieße ich sie tot und schenke sie meinen Leuten." Mit diesen Worten wurde der Bauer entlassen.

Allein die Gartentüre wurde nach wie vor selten geschlossen, und so kam es, dass das Schwein des Bauern abermals hineinspazierte. Der Edelmann stand gerade am Fenster, riss eine Flinte von der Wand, gab Feuer, das Schwein brach zusammen und wurde sogleich den versammelten Hofleuten geschenkt.

Der Schlag traf den alten Bauern härter noch als zuvor die fünfzig Schläge auf den Rücken. Ein großer Teil seines diesjährigen Einkommens war vernichtet, und er wusste nicht, wovon er seine Abgaben bezahlen sollte. Er war davon überzeugt, dass ihm himmelschreiendes Unrecht geschehen war, aber einen Prozess konnte er nicht anfangen, da es ihm an Geld fehlte.

Da erinnerte er sich, dass in verzweifelten Fällen die Leute sich direkt an den König gewendet hatten. Er wusste aber auch, dass es schriftlich geschehen musste, und er kaufte einen Bogen Papier und ging, da er selbst des Schreibens unkundig war, damit zum Pfarrer. Der Pfarrer wollte ihm aber die erbetene Supplik nicht machen, weil er, wie er sagte, kein Jurist sei.

Da erbat das Bäuerlein sich Tinte und Feder und malte vor den Augen des erstaunten Geistlichen auf sein Papier zwei Vierecke. „Das sind die Höfe", sagte er zeichnend, „und hier etwas Rundes, das ist die Tür, die der Schlingel von Gärtner hätte zumachen sollen." Dann malte er eine Figur am Boden liegend und belehrte den Pfarrer: „Dies ist mein Schwein." Und indem er eine Figur mit einer Flinte hinkleckste, aus der Rauch hervorging: „Das ist der Edelmann. Sieht Er, Herr Pfarrer, das ist eine Supplik, wenn Er einmal eine machen sollte." Dann trollte er sich davon.

Zu Hause holte er seinen Sonntagsrock hervor und zog ihn sogleich an. Ein Kober mit einem großen Brot und eine Büchse mit gesalzener Butter wurde umgehangen, und ein tüchtiger Hagedornstock vollendete die Reiseausrüstung des ehrlichen Pommern, der so ausgerüstet, mit nur wenigen Groschen in der Tasche, aber mit festem Vertrauen im Herzen auf die Gnade des Königs die einige dreißig Meilen weite Reise nach Potsdam antrat.

Dort angekommen, fragte er sich nach dem Schlosse hin und stieg ohne weiteres die breite Treppe hinauf. Eine Schildwache hielt ihn an und fragte ihn, was er denn bei dem König wolle. – „Was ich beim König zu tun habe, das geht Ihn nichts an", gab der Bauer zur Antwort. „Das hab' ich meiner Alten nicht einmal gesagt und werde es Ihm nicht auf die Nase binden."

Als der Grenadier ihn jetzt mit Gewalt fortreißen wollte, wurden die beiden sehr laut und merkten es zuerst gar nicht, dass der König mit dem Gouverneur von Potsdam aus dem Vorzimmer getreten war, um zur Parade zu gehen. – Der König fragte freundlich den Bauern nach seinem Begehr, und dieser erwiderte ohne Scheu: „Es ist wegen meiner Sau, die mir der Junker totgeschossen hat, und wegen der fünfzig Prügel, die er mir hat geben lassen."

Der König nahm lächelnd eine Prise, ließ die ihn begleitenden Offiziere vorausgehen und ging mit dem Bauern in sein Zimmer zurück. Dort ließ er sich die Bittschrift geben und, als er daraus nicht klug werden konnte, die ganze Geschichte erzählen. Dann versprach er dem Bauern, ihm zu seinem Recht zu verhelfen, und beschied ihn um zwei Uhr wieder in das Schloss, da er jetzt Geschäfte habe.

Der Bauer sah sich inzwischen die Merkwürdigkeiten der Stadt an, und nichts interessierte ihn so sehr wie der Wochenmarkt und die Preise der dort feilgehaltenen Waren. Als die Glocke zwei Uhr schlug, machte er sich rasch auf den Weg zum König. Die Schildwache und die Bedienten ließen ihn jetzt ungehindert passieren.

Man führte ihn in den Speisesaal, in dem der König mit vielen Generälen an der Tafel saß. Der Bauer musste sich an ein Seitentischchen setzen, wo er sofort begann, sich an seinem mitgebrachten Brot und der Butter zu laben. Als er sah, wie die Pagen den König mit Getränk bedienten, bat er dreist, die „Jungens" möchten ihm auch etwas zu trinken geben, denn er habe höllischen Durst.

Während der Tafel reichte der König des Bauern Bittschrift mit den rätselhaften Zeichen den Herren seines Gefolges und belustigte sich an ihren erstaunten Gesichtern. Als der König dann lachend des Rätsels Lösung gab, entstand allgemeine Heiterkeit.

Nach aufgehobener Tafel ließ der König den Bauern noch einmal zu sich rufen und zeigte ihm ein Papier mit dem Bemerken, dass darin von ihm befohlen sei, der Gutsbesitzer habe ihm für jeden Schlag einen Taler zu geben, das Schwein solle er nach des Bauern eigener Taxe vergüten und außerdem dem Bauern für Versäumnis und Reiseunkosten noch extra zwanzig Taler geben. – Tiefgerührt dankte der Pommer seinem König und gab ihm zum Abschied die harte Hand, die dieser freundlich drückte, wobei er ihm glückliche Heimkehr wünschte. [(24)]

Bauer Lange und der Alte Fritz

Bauer Lange im Dramburger Kreise war bitterarm; dazu hatte er viele Kinder. Sein magerer Feldplan grenzte an den Wald des Gutsbesitzers, und oft hatte Lange deshalb unter Wildschaden zu leiden. Als ihm einst die Hirsche und Wildschweine ganze Ackerstrecken zerwühlt und die besten Feldfrüchte vernichtet hatten, wandte er sich bittend an den Gnädigen Herrn. Der wies ihn lachend ab.

Doch die Not kam und stieg von Tag zu Tag. Da fasste sich der Bauer abermals ein Herz und ging zum Gutsbesitzer. Aber der warf ihn zur Türe hinaus und ließ ihm eine Tracht Prügel verabfolgen. Was sollte er nun tun? Die Kinder schrien nach Brot.

Da hörte er von dem guten König Fritz, der in Potsdam wohnte. Potsdam aber lag weit, weit weg vom Dramburger Land. Doch bald hatte Lange einen Entschluß gefasst. Er machte sich eine Replik. Das war ein großer Bogen Papier, auf dem alle seine Not und Sorge zu lesen war. Viele Kleckse und Striche und Punkte stellten den Wald, das Feld, das Wild, den lachenden und mit dem Stock drohenden Herrn und die weinende und hungernde Familie Lange dar. Dann steckte er sich für mehrere Tage Zehrung ein und wanderte nach Potsdam.

Aber zum König kommen war leichter gedacht als gemacht. Vor dem Schloss stand die Wache und ließ Freund Lange nicht hinein. Da sah er eine große Linde stehen. Er stellte sich darunter und hielt seine Replik hoch. Doch niemand achtete auf ihn. So verrann Stunde um Stunde. Endlich sah ihn der große König und ließ ihn vor sich bringen.

Friedrich nahm die Bittschrift, konnte sie aber nicht enträtseln und bat deshalb um Aufklärung. – Lange sagte: „Dat is doch ganz licht. Dit is dem Herra sien Busch, dit sinn de

Schwien, dit is mien Land, dit is de Herr. Kiek, wulle (wie er) lacht un mit 'm Stock dröcht. Dit bün ick, dit is mien Fruug, dit sinn mien Kinner, dee sinn hungrig un weena!" – Der Alte Fritz erwiderte: „Nu verstoh ick dien Replik. Ick ward di helpa. Nah Huus kannst du œwer ni mehr gåhn. Hüüt bliffst du bie mi to'm Middag." – Und Lange blieb.

Zu Tische kamen viele vornehme Herren. Der König machte sie mit Lange bekannt. Nach dem Essen sagte er: „Lange hat mir eine große Bittschrift gebracht. Ich will ihm auch helfen. Aber ich wette, es ist niemand unter Ihnen, der sie lesen kann." Nun ging die Replik von Hand zu Hand, aber niemand konnte sie enträtseln. Da stellte sich der König in die Mitte, zeigte auf die Zeichen und sagte: „Die Sache ist doch so einfach. Dit is dem Herra sien Busch, dit sinn de Schwien, dit is dat Land, dit is de Herr. Kiekt, wulle lacht un mit 'm Stock dröcht. Dit is Buuer Lange, dit is sien Fruug, dit sinn sien Kinne, dee sinn hungrig un weena." – Da stand Bauer Lange auf, klopfte dem König auf die Schulter und sagte: „Fritz, wenn ick di 't ni seggt hadd', denn haddst du 't uck ni wüsst!"
Der König aber hat darauf Lange von der Erbuntertänigkeit frei gemacht. [25]

Der Alte Fritz, die beiden Bauern und die große Kartoffel

König Fritz von Preußen hatte angeordnet, dass die preußischen Bauern Kartoffeln anbauen sollten. Na, zuerst kiekten sie alle schief, aber zuletzt, da gingen sie in sich, und die Sache kam in Gang.

Nun war da in Dummbartelshagen ein Bauer, dem die Kartoffelgeschichte sofort einleuchtete und der sich mit dem Kartoffelland ordentlich Mühe gab. Und als das Kartoffeln buddeln nun losging, da hatte er die dicksten Kartoffeln aufzuweisen, obwohl er längst nicht der dümmste Bauer war. Denn als er eine Kartoffel erntete, die gut so groß war wie sein eigener Dickschädel, da sagte er: „Szüh kiek, wat 'n Knudel!" sagte er. „Den' bring ick den' Ollen Fritz nah Potsdam! Dor kann hei sick mit Zieten un Seidlitzen un Schwerinen dick un dun an eten!"

Na, er ging auch sofort los und gelangte auch richtig nach ein paar Tagen zu König Fritz ins Zimmer. „Gauden Dag, Majestäten Oll Fritz", sagte er. – „Guten Tag, Bauer", sagte der König, „na, was bringt Er da Schönes?" – „Je", sagte der Bauer, „dat is man wegen dei niegen Tüfften! Ick heff dat so måkt, as du uns dat weesen hest, un nu wull ick di uck eis wat wiesen. Hier, hest all mål so 'ne grote Tüfft seihn?" – „Potz Blitz", sagte Fritz, „das ist ja ein Monstrum!" – „Nee, nee", rief der Bauer, „dat is keen Munstrump nich! Dat is wiss un warraftig 'ne Tüfft! Dei will ick di schenken, kannst di knedendick an fräten!" – „Haben die anderen Bauern auch so dicke Kartoffeln?" fragte König Fritz. – „Nee, lang' nich!" sagte der Bauer. – „Na, dann ist Er der Klügste von allen!" rief der König. – „Je, Majestäten Oll Fritz, dat is 't man eben", sagte der Bauer. „Dei Lüüd' seggen man ümmer, dei dümmsten Buuern hebben dei dicksten Tüfften. Kannst du dei Lüüd' so 'nen Schnack nich verbeiden?" – „Nein! Bei den alten Schnäcken des Volkes kann kein Gott und kein Teufel, kein Kaiser und kein König was bei machen. Das sind Sachen, hollahee. Aber Er soll eine Belohnung haben. Geh Er in den Marstall und such er sich das beste Pferd aus!"

„Na, denn bedank ick mi uck veelmåls, Majestäten Oll Fritz", sagte der Bauer, ging spornstreichs in den Marstall und suchte sich den schönsten Fuchshengst aus. Der wurde nun noch auf Befehl des Alten Fritz herrlich aufgezäumt, und so kam der Bauer nun stolz nach Dummbartelshagen hineingeritten.

Nun war da ein anderer Bauer, der war reich, hatte aber eine missgünstige Natur. Der wollte vor Missgunst platzen, als er zu wissen kriegte, wie der andere zu der herrlichen Mähre gekommen war. Er sagte zu seiner Frau: „Mudders", sagte er, „dat müsst jo mit 'n Düüwel un den' Ollen Fritzen taugåhn, wenn ick nich een'n Sack vull Dukåten erobern künn. Szüh, de König hett jo nu keenen Hingst mihr, un nu will ick em ut dei Verlegenheit helpen un em unsen kränschen schwarten Hingst schenken. Sallst mål seihn, ick kåm mit 'n dicken Sack vull Dukåten wedder! Wenn hei för so 'nen Schiet von grote Tüfft sien best Pierd hergifft, denn ..."

Er ging auch sofort bei, holte den Hengst aus dem Stall, striegelte und putzte an ihm herum und kam damit auch in Potsdam vor das Schloss.

König Fritz schaute gerade aus dem Fenster und rief ihm zu: „Was steht Er da und glotzt das Haus an?" – „Och, mien leiwe Herr", sagte der Bauer, „ick möcht den' Ollen Fritz woll spräken. Ick wull em den' Hingst hier schenken." – „Na, denn komme Er mal damit auf den Schlosshof", sagte der König.

Na, das tat der Bauer denn ja auch, und König Fritz ging zu ihm hinunter: „Guten Tag, Bauer", sagte er. – „Schönen Dank, uck so!" sagte der Bauer. „Hürst du hier in 't Huus." – „Jawoll", sagte der König. – „Och, ick möcht den' Ollen Fritz eis spräken. Kannst du em nich eis ropen?" sagte der Bauer – „Ich bin der König", sagte der Alte Fritz. – „Horre nee!" rief der Bauer. „Wur freugt mi dat, dat ick di kennen lihr! Du sühst di uck bannig ähnlich! Ick heff man hürt, du häddst keenen Hingst mihr in 'n Stall, un nu wull ick di ut de Verlägenheit helpen. Hier, dissen Hingst schenk ick di!"

„Ist ein schönes Tier, jawoll", sagte der König. „Aber sag Er mal, baut Er auch fleißig Kartoffeln?" – „Jo, dau ick, äwerst dat hett keenen rechten Däg. Dei Dinger sünd bie mi nich gröter as Hasselnöt worden." – „Soso! Na, dann dank ich Ihm für den herrlichen Hengst, und eine Belohnung soll Er auch haben. Komm Er mal mit!" sagte König Fritz.

Der Hengst wurde von einem Stallmeister in den Marstall gebracht, und der Alte Fritz und der Bauer gingen in das Zimmer des Königs. – „Aha", dachte der Bauer, „nu krieg ick een'n Sack vull Dukåten!"

Oben sagte der Alte Fritz: „Wenn die Kartoffeln bei Ihm nicht gewachsen sind", sagte er, „dann hat Er den Acker nicht nach Vorschrift behandelt. Na, Er hat mir den Hengst geschenkt, weil Er glaubt, dass ich keinen mehr habe. Nun will ich Ihm zur Belohnung auch etwas schenken, was Er nicht hat. Hier! – Und nun geh Er!" Damit langte der Alte Fritz ihm die große Kartoffel von dem andern Bauern hin und ging hinaus. – Unser Bauer stand nun da mit einer langen Nase und sah die große Kartoffel an. Ein schöner Tauschhandel: Ein prächtiger Hengst gegen eine Kartoffel!

Na, zuletzt musste er ja doch wieder nach Hause gehen, und da lief er auf der Dorfstraße dem andern Bauern in die Quere. Der wusste schon Bescheid, weil des andern Frau vonwegen des Sacks voll Dukaten nicht dicht gehalten hatte, und dachte bei sich: „Süllen dei Lüüd' doch Recht hebben? Dei dümmste Buer hett nu würklich dei dickste Tüfft! Ja ja, bie dei plattdüütschen Schnäck kann keen Gott, keen Düüwel, keen Kaiser und keen König wat bie måken, seggt dei Oll Fritz." [26]

Der Alte Fritz, die verschenkten Prügel und Alten-Sattel

Zu des Alten Fritz Zeiten lebte einmal ein Bauer, der war fleißig und gottesfürchtig. Nur ärgerte ihn Tag für Tag, dass das schöne königliche Gut Alten-Sattel, welches an seinen Hof stieß, von dem adligen Amtmann so schlecht bewirtschaftet wurde.

Eines Morgens ging der Bauer an den See, um zu angeln. Wie er nun an den Strand kam, erblickte er einen Fuchs und einen Hecht, die sich ineinander verbissen hatten. Der Hecht hatte nämlich vom Wasser aus nach dem Fuchs und der Fuchs vom Land aus nach dem Hecht geschnappt. Und nun hatte der Hecht den Fuchs und der Fuchs den Hecht im Rachen, und der Hecht wollte ins Wasser und der Fuchs in die Wildnis, und da sie gleich stark waren, konnte keiner von ihnen weder vorwärts noch rückwärts.

Schnell lief der Bauer nach Hause und holte einen großen Sack; darein tat er die Tiere und kehrte darauf in seine Wohnung zurück. „Mutter", sprach er, „lange mir meinen guten Rock aus dem Schrank!" – „Wozu willst du den, Väterchen?" – „Ich will zum König und ihm meinen Fund zeigen." – Die Bäuerin wollte ihm davon abreden; aber es half ihr nichts, sie musste den Rock hervorholen. Und nachdem er ihn sauber abgebürstet hatte, zog er ihn an, nahm den Sack auf den Buckel und wanderte Berlin zu.

Endlich war er da, und es dauerte gar nicht lange, so stand er vor dem königlichen Schloss und begehrte Einlass. – „Was will Er hier?" schrie ihn die Schildwache an. – „Ich will zum Alten Fritz", antwortete der Bauer. – „Ja, das geht nicht so, guter Freund", antwortete der Soldat. „Der König ist nicht für jeden hergelaufenen Menschen zu sprechen." Und als der Bauer bei ihm vorbeihuschen und in das Schloss eindringen wollte, packte er ihn bei dem guten Tuchrock und zog ihn mit Gewalt zurück.

Der Bauer verstand aber darin keinen Spaß und zeterte und schrie, dass der Alte Fritz den Lärm hörte, das Fenster aufriss und hinunter sah. „Was ist denn hier los?" rief er herab.

– „Königliche Majestäten! Ein Bauer ist da, der will Euch sprechen." – „Na, lass ihn nur heraufkommen!"

Als die Schildwache hörte, dass der König so freundlich sprach, gab sie dem Bauern auch gute Worte und sagte: „Nicht wahr, Landsmann, du gibst mir ein Viertel ab von dem, was der König dir gibt?" – „Das will ich tun", antwortete der Bauer.

Indem kam ein Jude bei dem Schloss vorbei, und als er vernahm, dass der Alte Fritz den Bauern empfangen wollte, machte er einen tiefen Bückling und sprach: „Nicht wahr, der Gnädige Herr werden mir armem Manne wohl ein Viertel von dem schenken, was der Herr König geben wird." – „Ein Viertel sollst du haben", sagte der Bauer.

Als er nun in das Schloss hineinging, trat der Wachtmeister auf ihn zu und sagte: „Bauer, Er hat Glück, da kann Er auch an seine Mitmenschen denken. Ein Viertel krieg' ich ab von dem, was der Herr König gibt." – „Ihr sollt's haben", sagte der Bauer und folgte dem Bedienten die Treppen hinauf.

Ehe sie aber in den Saal traten, nahm auch der Lakai den Bauern beiseite und sprach: „Umsonst ist der Tod. Ich hab' dich hinaufgeführt, und ein Viertel von dem, was dir der Herr König gibt, ist mein." – „So soll's sein", sagte der Bauer, und der Lakai klinkte die Saaltüre auf, und der Bauer stand vor dem Alten Fritz.

„Was hast du, mein Sohn?" fragte freundlich der König. – Der Bauer band behutsam seinen Sack auf, zog Fuchs und Hecht heraus, legte sie zu den Füßen des Alten Fritz nieder und sprach: „Gnädigster Herr König, diesen Fuchs und diesen Hecht fand ich ineinander verbissen, und das schien mir so sonderbar, dass ich zu meiner Frau sprach: ‚Mutter, das muss der Alte Fritz sehen.'" – Der König lächelte, und nachdem er sich das Wunder genugsam angeschaut hatte, sprach er zu dem Bauern: „Packe Er die Tiere wieder in den Sack, und dann lasse Er sich von meinem Schatzmeister ein Douceur geben." – „Was ist ein Douceur?" fragte der Bauer. – „Je nun, geh zum Schatzmeister und lass dir eine Reihe blanker, harter Taler aufzählen", sagte der Alte Fritz." – „Nein, daraus wird nichts", erwiderte der Bauer, „Ihr habt schon sowieso Geld genug auszugeben. Das ganze Land ist auf Euch angewiesen. Geld nehme ich nicht." Und da ihm der König gut zuredete, sprach er endlich: „Wenn's Eurer Königlichen Majestät recht ist, so bitte ich darum, dass mir der Stockmeister hundert

Hiebe auf den Buckel zähle." – „Meinetwegen", sagte der König ärgerlich, „lass dir hundert aufzählen."

Der Stockmeister wurde gerufen und musste mit dem Bauern auf den Schlosshof gehen. Gleich bei der Türe erwartete ihn aber der Lakai und sagte: „He, Bauer, wie steht's mit dem Viertel?" – „Komm nur mit", sprach der Bauer. – Bei der Wachtstube rief der Wachtmeister: „Guter Freund, halt' Er sein Wort." – „Das will ich meinen", sagte der Bauer, „kommt nur mit." – „Bauer, Bauer", schrie der Posten, als die vier bei ihm vorbeizogen, „gib mir mein Geld." – „Dein Viertel ist sorgsam aufgehoben", antwortete der Bauer, „komm nur mit!" – Und denselben Bescheid erhielt der Jude, der hinter dem Schilderhaus gewartet hatte, bis der Bauer zurückkommen würde.

Mitten auf dem Schlosshof machte der Stockmeister Halt und sprach: „Jetzt, Bauer, kannst du die hundert aufgezählt bekommen." – „Schade, dass sie schon sämtlich vergeben sind", antwortete der Bauer. „25 Hiebe bekommt der Posten, 25 der Jude, 25 der Wachthabende und 25 der Lakai." Und dabei rieb er sich vergnügt die Hände. – „Stimmt das?" fragte der Stockmeister, und da die vier nicht ableugnen konnten, empfingen sie jeder 25 Streiche und erhuben darüber ein Jammer- und Wehgeschrei, dass der Alte Fritz es hörte und an das Fenster trat. „Was ist denn schon wieder los?" rief er herab. – „Der Bauer hat den Posten, den Juden, den Wachthabenden und den Lakai angeführt", rief der Stockmeister herauf.

Da musste der Bauer zum zweiten Mal die Treppe hinaufsteigen und vor den Alten Fritz treten und ihm erzählen, wie alles gekommen war. – Der König lachte darüber, dass er sich den Leib hielt, und als der Bauer zu Ende gekommen war, sprach er: „Jetzt, mein Sohn, geh hin zu meinem Schatzmeister und lass dir in harten Talern eine gute Belohnung auszahlen." – „Ich mag kein Geld, Königliche Majestät", antwortete der Bauer. Und als der Alte Fritz in ihn drang, sprach er endlich: „Wenn es denn einmal so sein soll, so wünsche ich mir etwas anderes, gebt mir ‚Alten-Sattel'!" – „Geh hin zum Stallmeister und lass dir den alten Sattel geben", sagte der König. – „Nein, ich muss es schriftlich haben", entgegnete der Bauer, „gebt's mir schwarz auf blau (denn früher schrieben die Könige nur auf blauem Papier), sonst gibt er mir nicht Alten-Sattel heraus." – Da gab's ihm der König schwarz auf blau, und der Bauer zog von dannen.

Es dauerte gar nicht lange, so stand er vor dem Herrn Amtmann und sprach: „Packt Eure Sachen und macht, daß Ihr vom Hofe kommt, denn der Alte Fritz hat mir Alten-Sattel geschenkt." – „Der Kerl ist toll geworden", dachte der Amtmann. – Aber der Bauer war nicht toll, sondern zog den blauen Brief heraus und zeigte ihm schwarz auf blau, dass der König ihm Alten-Sattel geschenkt habe. – Da half freilich nichts, der Amtmann musste seine Siebensachen packen und den Gutshof räumen.

Betrübt ging er nach Berlin und trat vor den Alten Fritz. „Gnädigster Herr König", sagte er, „ich habe Euch so lange treu gedient. Warum habt Ihr mich denn von Haus und Hof gejagt?" – „Das habe ich gar nicht getan", sagte der Alte Fritz. – „O doch", antwortete der Amtmann. „Der Bauer hat mir selbst den Brief gezeigt, in dem Ihr ihm Alten-Sattel verschrieben habt." – „Ach, der Schelmenbauer", rief der Alte Fritz lachend. „Ich hatte gedacht, er meinte einen alten Sattel, und nun hat er sich das schöne Krongut erworben. Erst hat er den Soldaten, den Wachtmeister, den Juden und den Lakaien betrogen und nun gar mich selbst. Der Bauer ist klüger wie ich. Auf dass du aber nicht leer ausgehst, werde ich dir einen andern Hof zur Verwaltung übergeben." Damit war der Amtmann verabschiedet, und der Bauer behielt Alten-Sattel als sein Eigentum.

Einige Jahre darauf fiel dem Alten Fritz ein, er wolle doch einmal sehen, was der Bauer auf dem Gutshof mache. Ein Pferd ward gesattelt, und er ritt hinaus. Wo sonst Disteln und Dornen wuchsen, traf er lachende Kornfelder, dass ihm das Herz bei dem Anblick aufging. Und je näher er dem Hof kam, um so schöner wurde die Gegend.

Endlich hielt er vor dem Haus. Der Bauer trat heraus und half ihm vom Ross und bat ihn, ob er nicht ein Frühstück bei ihm einnehmen wolle. Der lange Ritt hatte den Alten Fritz hungrig gemacht, darum nahm er des Bauern Anerbieten an und trat mit ihm in die gute Stube hinein.

Da erschien sogleich die Bäuerin und trug auf: Wurst und frisch geräucherten Schinken und harte Eier und Butter und Käse, und sie langten beide tüchtig zu. Auch eine Flasche vom besten Kümmel stand auf dem Tisch, und der Bauer trank daraus: Gluck, gluck, gluck! und reichte sie dem König dar, und der Alte Fritz trank ebenfalls: Gluck, gluck, gluck! Denn er hatte ja den Feuerwein zuerst eingeführt in seinen Landen.

Als sie gegessen und getrunken hatten, schmunzelte der Alte Fritz vor Vergnügen und sprach: „Nun, Bauer, hat Er kein Anliegen an mich?" – „Ja, ein Anliegen hab' ich, gnädigster Herr König", sprach der Bauer, „nehmt den schwarzen Tisch da von mir zum Geschenk an." – „Was soll ich mit dem Tisch?" antwortete der Alte Fritz. „Solche Tische stehen bei mir nicht einmal auf dem Boden herum." – „Nun, dann nehmt wenigstens sein Eingeweide!" bat der Bauer. – Da zog der Alte Fritz die Schublade auf, und siehe, es lagen darin Goldfüchse über Goldfüchse. „Was ist denn das?" fragte der König verwundert. – „Bei Heller und Pfennig der Preis, für den das Gut eingeschätzt ist", entgegnete der Bauer, „und Ihr könnt mir keine größere Gnade antun, als wenn Ihr das Geld behaltet. Ihr habt doch genug auszugeben, und ich komme mit meiner Hände Arbeit allein weiter." Der Alte Fritz klopfte dem Bauern mit der Hand auf die Schultern und sprach: „Er ist ein braver Kerl, und da Er es will, werde ich das Geld abholen lassen." Dann gab er dem Bauern eine Hand, stieg auf sein Ross und ritt nach Berlin zurück.

Als er im Schloss war, sprach er zu dem Marschall: „Wenn ich lauter solche Bauern hätte, so wäre ich der reichste König der Welt. Lade ihn zu mir, dass ich ihn auch einmal bewirten möge." – Der Hofmarschall gehorchte dem Befehl.

Und es dauerte gar nicht lange, so saß der Bauer dem Alten Fritz gegenüber an der königlichen Tafel. Als sie gegessen und getrunken hatten, sprach der König: „Wie ist's möglich! Als der Amtmann auf dem Gute saß, wucherten überall Disteln und Dornen, und ich musste ein Jahr über das andere den geringen Pachtzins erlassen. Nun es dem Bauern gehört, sieht es aus wie ein Garten Gottes, und den Preis, für den es abgeschätzt ist, hat er mir bei Heller und Pfennig erstattet, ohne dass ich ihn darum anging. Solch Bauer ist wohl wert, ein Edelmann zu sein. Bauer, ich trinke dir zu als Ritter!"

Dem Bauern taten diese Worte von Herzen wohl, und er erhob sich vom Stuhl, um dem Alten Fritz ebenfalls zuzutrinken. Weil er aber die leckeren Speisen und den köstlichen Wein nicht gewohnt war, so erging es ihm dabei nach der groben Bauern Weise. – „Pfui!" riefen die Herren vom Hofe und rümpften die Nasen und sprachen: „Da sehen es ja der Herr König, wozu es führt! Ein Bauer ist ein Bauer und bleibt ein Bauer!" – „Nur nicht so hitzig", fiel ihnen jedoch der neugeschaffene Ritter ins Wort. „Was ist natürlicher als das? Wenn oben der Edelmann hineinfährt, so muss unten der Bauer heraus." – Da schwiegen die feinen Herren vom Hofe. Der Alte Fritz aber lachte und klopfte dem Bauern freundlich auf die Schultern und gewann ihn noch lieber wie zuvor. ... [27]

König Fritz, das Fohlen und Alten Sattel

Ein Bauer hat sein Recht nicht kriegen können. Er hat mit seinem Nachbarn im Streit gelebt. Er ist einmal mit dem Pferd in die Stadt gefahren, der Nachbar mit dem Ochsen. Sie haben in demselben Krug ausgespannt. Die Stute des Bauern fohlt, das Fohlen liegt hinter dem Ochsen. Da hat der Nachbar das Fohlen behalten.

Das Gericht hat dem Bauern kein Recht gegeben. Da schreibt der Bauer an König Fritz, der entscheidet auch so.

Zuletzt geht der Bauer nach der Königin hin, die hat von König Fritz getrennt gelebt. Die ist ganz klug gewesen. – Sie sagt, sie wolle ihm helfen, aber er solle sie nicht verraten: König Fritz ginge am nächsten Sonntag in die Kirche – er ist sonst nicht viel hingegangen –, dann solle der Bauer auch hingehen und einen großen Kescher mitnehmen. Er solle sich dann mit dem Kescher auf dem Kirchhof hinstellen. (Damals sind noch die Gräber um die Kirche herum gewesen.)

Na gut, der Bauer ist am andern Sonntag da. Er tut so, als wenn er Fische fängt zwischen den Gräbern. – Als König Fritz ihn sieht, fragt er: „Ei, dummer Bauer, was macht Er da?" – „Ick fang' Fisch." – „Kann man zwischen Gräbern auch Fische fangen?" – „Ja, so gaut as de Oss Fåhlen kriegen kann, kann ick ok mang de Gräwers Fisch fangen." – Da hat König Fritz das eingesehen.

Das Fohlen hat der Bauer nicht wiederkriegen können, er soll sich aber etwas ausbitten. – „Je, wat sall ick mi utbidden, låt mi Ollen Sådel kriegen." – „Den kannst du kriegen, wenn es weiter nichts ist." – „Dat möößt du mi œwer 'n båten upschrieben, süss glööwen de Pierd'jungs dat nich." – König Fritz schreibt ihm auf: „Alten Sattel sofort an den Überbringer abzutreten."

Nun hat da aber ein Gut gelegen, das hat Alten Sattel geheißen. Der Bauer kommt nun hin und weist den Zettel vor. Der Inspektor macht ja ziemlichen Lärm. Er fragt bei König Fritz an.

König Fritz sagt aber: „Was ich geschrieben habe, habe ich geschrieben." Aber geärgert hat ihn das doch, dass der Bauer ihn gefasst bekommen hat.

Er hat ihn nun wieder fassen wollen und sagt ihm, er wolle ihm Alten Sattel wieder abkaufen. Er wolle ihm für jedes Haupt Vieh einen Taler geben. – Der Bauer ist auch einverstanden, und sie nehmen den Viehbestand auf: Pferde, Kühe, Schweine und Schafe.

Als sie damit fertig sind, sagt der Bauer: „De Immen hüren ok tau dat Veih, nu möt't wi de Immen noch tellen."– Da rücken sie aus. So hat der Bauer Alten Sattel behalten. [28]

Der Alte Fritz und Doktor Allwissend

Schuster Ehmcke geht wegen seiner kranken Frau zum Arzt. Der Doktor schreibt ein Rezept und sagt: „Kost't 'n Dåler!" – Ehmcke denkt: „Dei verdeint den' Dåler rasch. Wat möt ick mi dat för 'n Dåler suer warden låten. Ick will ok Dokter warden." Er setzt über seine Türe ein Schild mit der Aufschrift: „Dokter über alle Dokter".

König Fritz reist vorbei und liest es. Bald darauf sind ihm vier Pferde gestohlen. Da schickt er den Diener hin. Ehmcke schreibt ein unleserliches Rezept. – Der Apotheker will sich keine Blöße geben, dass er das Rezept nicht lesen kann, und gibt dem Diener etwas, das soll er gleich einnehmen und sich dann nicht aufhalten.

Als der Diener just aus der Stadt ist, muss er infolge des Eingenommenen im Gehölz hoselieren. Er bindet sein Pferd an. Es wiehert. Da wiehern die vier Pferde, die in der Nähe angebunden sind. Er findet sie und bringt sie dem Alten Fritz.

Bald darauf ist dem König ein Halsgeschmeide gestohlen. Er lässt Ehmcke kommen. Der muss selbst kommen im Wagen des Königs. – „Ehmcke, wie wird es dir gehen!" sagt seine Frau, und er selbst klagt auch so.

Fritz fordert von ihm, dass er in drei Tagen erraten soll, wer das Geschmeide gestohlen hat, und lässt ihn die Zeit einsperren, aber gut pflegen. Ehmcke denkt: „Sollst mal zählen, wie viel Gänge du zum Mittag bekommst." Er liest in seiner Bibel, ganz vertieft. Der Diener trägt auf. „Dat is all ein!" – Der Diener hat es gestohlen und geht hinaus und sagt zu seinen beiden Mitschuldigen: „Hei hett seggt, ick wier all ein." – Der zweite kommt. „Dat sünd all twei." – [Der dritte kommt.] „Dat sünd all drei." – Sie bekennen nun, dass sie das Geschmeide gestohlen haben. – Er sagt: „Dat heff ick all lang' wüsst." – Sie bieten ihm viel Geld, wenn er sie nicht bloßstellt. Sie müssen das Halsgeschmeide in Butterbrot backen und dies den Kuhnhahn auffressen lassen.

Als drei Tage um sind, sagt Fritz: „Wer hat es gestohlen?" – „Der Kuhnhahn auf dem Hof." – Fritz will es nicht glauben. Der Kuhnhahn wird geschlachtet: Im Magen ist das Geschmeide.

Ehmcke muss nun bei Fritz am Tisch essen. Da kommt zuletzt ein zugestülptes Gericht auf den Tisch. Er soll es erraten. – Er sagt: „Ehmcke, Ehmcke, wie wird es dir gehen!" – „Richtig", sagt Fritz, „Ehmken [Ameisen] sind drin."

Ehmcke bekommt viel Geld von Fritz und heimlich von den Dieben. Als er schon damit weg ist, soll er noch einmal raten, was sich in einer zugedeckten Schüssel befindet. – „Ach, geht mit eurem Scheißdreck weg!" ruft er den Dienern zu, die die Schüssel haben. – „Dei Kierl weit alles", sagen sie. – Das ist drin gewesen. [29]

Der Alte Fritz und der Besenbinder

Der Alte Fritz saß einmal bei Tische mit seinem Hofgesinde; aber das Essen wollte ihm nicht schmecken. „Woher mag es wohl kommen", sagte er ärgerlich, „Tag und Nacht zerbreche ich mir den Kopf darüber: Die größten Waldungen im Lande sind mein, und hohe Abgaben sind auf die Nutzung gelegt, und doch kommt kein Geld in die Staatskasse!" – „Das will ich Euch klarmachen", sprach der alte General, der zur Linken des Königs saß, griff vor sich auf den Tisch und nahm ein großes Stück Butter vom Teller, hielt es ein paar Augenblicke in der Hand und reichte es sodann links herum seinem Nachbarn weiter. Die Butter wanderte von Hand zu Hand und wurde immer kleiner und kleiner; und als sie schließlich bei dem König anlangte, war sie zu einem winzigen Stückchen zusammen geschmolzen. „Seht, Königliche Majestäten", hub der General von neuem an, „die Butter ist erst durch vierzig Hände gegangen. Wären fünfzig Gäste bei der Tafel gewesen, Ihr hättet nichts davon bekommen. So ist's mit Euren Waldungen auch."

Die Sache leuchtete dem König ein, aber so recht zufrieden war er doch nicht. Und als das Gastmahl zu Ende war, kleidete er sich aus, wie ein fahrender Handwerksbursch, und ging in den großen Wald hinein, der seinem Schloss am nächsten lag.

Als es dunkel geworden war, sah er ein Licht durch die Bäume schimmern. Er ging darauf zu, und es dauerte gar nicht lange, so stand er vor einer kleinen Hütte, in welcher ein Paar arme Besenbindersleute ihr Wesen trieben. „Guten Abend, ihr lieben Leute", sagte der König, als er die Türe geöffnet hatte, „kann ich wohl bei euch für die Nacht ein Unterkommen finden? Ich habe mich im Walde verirrt und weiß nicht wo aus noch ein." – „Das kannst du haben", sagte der Besenbinder, und nachdem der Alte Fritz seinen Krückstock in die Ecke gestellt hatte, trug er ihm einen Lumps mit Fett auf; das schmeckte wie der Deike (Teufel). Die Frau lag indessen im Bett und stöhnte von Zeit zu Zeit vor sich hin.

Nach der Mahlzeit sprach der Besenbinder: „Umsonst ist der Tod! Ich habe dich gesättigt, nun musst du mir bei der Arbeit helfen. Der Mond ist jetzt aufgegangen, der Förster liegt im Bett und schnarcht, das ist die richtige Zeit zum Reiserschneiden. Komm mit mir, dass du mir hilfst!" – Da dachte der Alte Fritz bei sich: „Aha, jetzt wirst du wohl dahinterkommen, wie es in den Wäldern zugeht!" Und flugs stand er auf und folgte dem Besenbinder nach in den Wald hinein zu der grünen Wiese, an deren Rand das Birkengebüsch stand.

„Dies ist ein königlicher Wald", sagte der Besenbinder zu dem Alten Fritz, als sie dort waren, „und damit müssen wir fein säuberlich umgehen, denn der König wird ohnehin schon genug betrogen. Vier Ringe können wir jedem Stamm nehmen, das schadet ihm nichts, wenn es auch die Herren von oben nicht Wort haben wollen. Aber vom fünften Ring an aufwärts müssen die Zweige stehen bleiben bis zum Zopfe. Das ist eine ehrliche Sache und kommt den Birken und mir zugute. Danach musst du dich halten, wenn du mir helfen willst. Tust du es aber nicht, so setzt's einen Schlag hinter die Ohren, dass du über meine ganze Werkstätte fliegst."

Der Alte Fritz lachte, denn des Besenbinders Werkstätte war die große Wiese, und um zu sehen, ob der Mann wirklich so arg auf des Königs Vorteil bedacht sei, schnitt er alle Stämme vor sich hart über dem Erdboden ab.

Der Besenbinder schaute, nachdem er eine gute Weile fleißig gearbeitet hatte, einmal um sich, um nach seinem Gesellen zu blicken. Schwapp, schwapp! hatte der Alte Fritz es aber auch schon rechts und links hinter den Ohren. „Heißt das gehorsam sein und seinem Könige dienen?" rief er zornig. „Wie ich solltest du es machen!" Und er hörte nicht eher auf mit den Schlägen, bis ihm der Alte Fritz himmelhoch versprach, nicht wieder ungehorsam zu sein. Und er hielt auch Wort und arbeitete von da an fleißig mit, wie es sich gehörte, so dass sie noch vor Mitternacht, nachdem sie die abgeschnittenen Stämme verbuscht hatten, wieder in der Hütte anlangten.

Dort ging's sogleich an das Binden. Der Alte Fritz riss die Reiser, und der Besenbinder band dieselben, und sie hatten schon ein gut Teil Besen fertig geschafft, dass sie am andern Morgen zu Markte gebracht werden konnten.

Da begann die Frau im Bett zu winseln und zu günseln, zum Gotterbarmen. – „Es ist zu schlimm, wenn man über Feld wohnt!" jammerte der Mann. „Bleib du nur bei meiner Frau, derweil ich mit dem Sack ins Dorf zur Mutter laufe und die Knackhaspel [Gebärstuhl] hole."

Ehe der Alte Fritz wusste, wie ihm geschah, war der Besenbinder schon unterwegs und lief, was ihn seine Füße zu tragen vermochten, bis er bei der Großmutter war. Dort steckte er die Knackhaspel in den Sack, damit ihn die Leute auf der Straße nicht höhnten und riefen: „Klipp, klapp, du bringst wohl den Knackålbår ins Haus!" Und dann machte er, dass er mit der alten Frau in seine Hütte zurückkehrte.

Dort war's inzwischen schon vor sich gegangen, und weil just niemand anders zur Stelle war, musste der Alte Fritz zugreifen, schaffen und machen. Und als das Kind zur Welt geboren war, hieß ihn die Frau flink warm Wasser in die Wanne schütten und das Knäblein darin baden. Ach, wie es schrie und strampelte! Und gerade, als alles wieder im besten Zuge war, traten der Besenbinder mit der Knackhaspel und seine alte Mutter zur Türe herein und freuten sich, dass schon alles vorüber war, und hielten sich die Seiten vor Lachen über die Hebamme.

Dem Alten Fritz war heiß geworden bei der Arbeit, und er hätte gern etwas ausgeruht. Aber dazu ließ es der Besenbinder nicht kommen: „Jetzt heißt's zum Kindelbier das Geld verdienen!" rief er vergnügt, und der Alte Fritz musste von neuem die Reiser reißen, während der Besenbinder sie band.

Um drei Uhr war alles fix und fertig, und nachdem die Besen auf den kleinen Handwagen gepackt waren, zogen sie damit zur Stadt, um bei guter Zeit auf dem Markt zu erscheinen.

Vor dem Tor sprach der Alte Fritz zu dem Mann: „Bis jetzt hast du mir Lehren gegeben, nun will ich dir eine Kunst sagen. Die Besen sind heuer rar in der Stadt, verkauf keinen, es sei denn das Stück um zwei Taler." – Der Besenbinder schüttelte mit dem Kopf und wollte antworten; aber der Alte Fritz ließ ihn gar nicht zu Worte kommen, sagte, er habe noch schnell einen Gang vor, und hast du nicht gesehen, war er durch das Tor gewischt und verschwunden.

Er war zur Hauptwache gelaufen, hatte sich dort als König zu erkennen gegeben und befohlen, alle Offiziere sollten sich mit Sonnenaufgang auf dem Schlosshof einfinden, ein jeder mit einem neuen Besen in der Hand. Darauf begab er sich zu seiner Frau, der Königin.

Die Trommler aber trommelten: „Ka-me-rad kumm! Ka-me-rad kumm!" Und alle Offiziere sprangen wie der Wind aus den Betten und kleideten sich an und liefen zur Wache und fragten, was es gäbe.

Als sie den Befehl des Königs vernommen hatten, galt es Besen kaufen. „Heda, guter Freund", riefen sie dem Besenbinder zu, der mit der Karre zu Markte zog, „was kosten die Besen?" – „Du sollst's einmal versuchen", dachte der Mann und sagte: „Das Birkenreisig ist jetzt teuer. Unter zwei Talern ist mir das Stück nicht feil." – „Gib her, gib her!" riefen die Herren, die um alles in der Welt nicht zu spät kommen wollten, und ehe der Besenbinder sich's versah, war er die ganze Ladung losgeworden und kehrte mit einem schweren Beutel harter, blanker Taler in die Hütte zurück.

Die Offiziere aber traten mit ihren Besen an, und als der Alte Fritz sie besichtigt hatte, klagten sie ihm, dass der Besenbinder sie übervorteilt habe. – „Es ist nicht so schlimm", lachte der König, „ich habe die Reiser selbst gerissen, und meine Arbeit muss gut bezahlt werden."

Da taten die Herren, als ob sie sich niemals über die zwei Taler geärgert hätten, und kehrten wieder in ihre Häuser zurück. Der Alte Fritz aber sandte einen Boten hinaus zu dem Besenbinder, dass er am andern Tag zu ihm auf das Schloss komme.

Dem guten Mann schlackerten die Knie, als ihn der Diener vor den König führte. „Ist's um das Sündengeld, das ich für die Besen genommen habe, oder ist's für die abgeschnittenen Birken?" dachte er bei sich. „Du hast's nur dem Spitzbuben von Handwerksburschen zu verdanken." Und er beschloss, dem Alten Fritz alles haarklein zu erzählen.

Und richtig, als er vor dem König stand und dieser ihn fragte, ob er wohl wisse, warum er hier, wie ein armer Sünder, vor ihm stehen müsse, antwortete er eifrig: „Ach, gnädigster Herr König Fritz, das hab' ich dem verfluchten Jungen zu verdanken! Ich hab's ihm aber eingetränkt, dass er die ganzen Bäume abschnitt. Vier Ringe kann man nehmen, das ist den Birken sogar sehr gut. Aber vom fünften an aufwärts müssen sie stehenbleiben bis zum Zopfe. Und wenn's das nicht gewesen ist, so ist's darum, weil er mir riet, das Sündengeld von zwei Talern für das Stück zu nehmen. Du mein Gott, ich hab's ja getan. Aber er hatte so gut Hebamme gespielt, derweil ich die Knackhaspel und meine Mutter holte, da musste ich ihm wohl glauben." – Sagte der Alte Fritz: „Nun, würdest du den Handwerksburschen wohl wieder erkennen, der dir das Leid zugefügt hat?" – „Unter tausend finde ich den Schlingel heraus!" rief der Besenbinder.

Da lachte der König und gab sich ihm zu erkennen, und als der Besenbinder vor Angst nicht wusste, wie ihm geschah, weil er so schlecht von dem König geredet und ihn in der Nacht sogar geschlagen hatte, tröstete ihn der Alte Fritz und sagte: „Jetzt mach, dass du nach Hause kommst, und wenn der Junge laufen kann, bring' ihn zu mir! Hab' ich ihn zur Welt bringen helfen, will ich ihm auch durch das Leben helfen."

Und so tat der Alte Fritz auch. Der Junge musste zu ihm auf das Schloss und ist später einmal ein tüchtiger Soldat geworden. – So viel merkte aber der Alte Fritz aus der Geschichte: Die armen Leute sind nicht daran schuld, dass so wenig Geld aus den großen Wäldern in die Staatskasse kommt. Weiß Gott, an wem's liegen mag! [30]

Der Alte Fritz und sein Jäger

Der Alte Fritz hatte einen Jäger, der ihm die besten Bäume aus dem Walde stahl. Zur Strafe wurde er seines Amtes entsetzt und nackend an einen Baum gebunden, um dort den Fliegen zum Fraß zu dienen. Nachdem der Mann einen Tag lang so gestanden hatte, ritt der Alte Fritz vorbei und sah den ganzen Körper von dem Geschmeiß bedeckt. Mitleid ergriff seine Seele, und er scheuchte eine Fliege von dem Leibe fort. – Da sprach aber der Jäger: „Lasst das Tier nur sitzen; das hat sich schon vollgesogen und schmerzt mich nicht mehr. Kommt aber eine neue Fliege, so habe ich auch neue Stiche auszustehen."

Als der Alte Fritz das gehört hatte, hieß er den Jäger losbinden und setzte ihn auch wieder in sein früheres Amt ein. „Denn", sagte er, „was soll ich machen? Nehme ich einen neuen Jäger, so bestiehlt er mich vielleicht noch vielmal mehr als der alte." (31)

Ein sonderbares Jagdrecht

Es war zur Zeit Friedrichs des Großen, da geht einmal der Pastor von Glowitz (Kr. Stolp) tief in Gedanken versunken, mit dem offenen Bibelbuch in den Händen, über den verwilderten Kirchhof, der ihm in seinem unglaublich verwahrlosten Zustand mitnichten als ein heiliger Gottesacker, sondern recht als ein wüster Vorgarten der Hölle erscheint.

Da springt dicht vor den Füßen des sinnenden Mannes aus dem üppig wuchernden Unkraut jählings ein Hase auf und erschreckt den in sich gekehrten, grübelnden Gottesmann. Empört über die Frechheit des Tieres und den Zustand des Kirchhofs, fasst der Pastor mit der Rechten krampfhaft das Bibelbuch zusammen und schleudert es mit einer derben Verwünschung dem Friedhofsschänder nach. Der Wurf trifft; Meister Lampe tut seinen letzten Sprung und gibt dann neben dem heiligen Buche seinen Geist auf.

Triumphierend trägt der glückliche Schütze seine Beute nach Hause und erlabt sich nebst Weib und Kindlein bass an dem leckeren Wildbraten. Aber die Geschichte wird ruchbar.

Wegen Jagdfrevels wird der Pastor vor Gericht geladen und zu einer empfindlichen Buße verurteilt. Unerhört!

Aber der Pastor unterwirft sich dem Spruch keineswegs. Er geht weiter, geht bis an das Kammergericht, findet aber nirgends sein Recht.

Da wendet sich der unerschrockene Jägersmann an seinen Landesherrn, den Alten Fritz. Der große König sieht sogleich, wie der Hase läuft, und also lautet sein Urteilsspruch: „Alle Hasen, die der Pastor von Glowitz mit der Bibel totschlägt, soll er als gerechte Jagdbeute nach Hause tragen dürfen." (32)

Friedrich der Große und der dicke Schlemmer

Friedrich der Große kam mal nach Frankfurt. Da saß da so ein Dicker am Tisch und tat eine fette Gans essen. Friedrich der Große kam auch hinein, schlecht angezogen und ärmlich, und konnte nichts zu essen bekommen, denn die wollten ihm nichts geben, weil er so schlecht und ärmlich aussah. Dann machte er sich an den Dicken und fragte, wo er hinwolle. – Nach Berlin. – Was er da machen wolle. – „Mir lassen das Fett abzapfen." – Da sagte ihm Friedrich der Große, er wäre in Berlin gut bekannt bei dem königlichen Arzt. Da gab ihm der Dicke zu essen von der fetten Gans. Und Friedrich der Große sagte, er wolle ihm einen Rat geben, dass es nicht so viel koste, und schrieb ihm auf einen Zettel: „Lasst diesen faulen Bacchusknecht bei Wasser und Brot in das äußerste Gefängnis werfen, bis ich wiederkomme. Friedrich."

Dann kam der Dicke nach Berlin und in das Gefängnis, als er das vorzeigte.
Als Friedrich der Große wieder nach Berlin kam, waren sechs Wochen verstrichen. Der Oberste vom Gefängnis fragte an: „Was soll mit diesem geschehen?" – „Ach, den habe ich ganz vergessen", sagte der König, und sie ließen ihn heraus.

Dann war der Dicke ganz mager und sagte: „Na na, so viel habe ich doch nicht verdient." – „Soll man schweigen", sagten die anderen. – Bei dem Abzapfen hat er keine Schmerzen gehabt. (33)

König Fritz und der Kuhhirte

König Fritz ist viel umhergereist und hat sich von allem selbst überzeugt. Einmal kommt er in ein Dorf, dicht bei Schwerin, ich weiß nicht, ist das Hoort oder Kothendorf gewesen. Er kehrt dort beim Kuhhirten an. Sie haben Karten gespielt. Als sie ein paar Mal gespielt haben, sagt der Kuhhirte: „Hefft Ji ok so 'n Döst?" – „Ja", sagt König Fritz, „ich habe aber nur ein paar Dreilings in der Tasche." – „Ach wat", sagt der Kuhhirte, „Mudder, hål mål 'n bäten Sluck rüm!" – Nun haben sie da nur ein Glas gehabt. König Fritz langt gleich hin. Swabbs hat er einen an der Backe: „Ierst kümmt de Herr von 'n Huus." – Na ja.

Nach ein paar Tagen kriegt der Kuhhirte einen Brief von König Fritz, er solle ihn in Berlin besuchen. Der Kuhhirte weiß ja gar nicht, was los ist. Aber er fragt sich dahin.

König Fritz nötigt ihn an seine Tafel heran und schenkt ihm zu trinken ein. – Der Kuhhirte brummelt etwas vor sich hin. – „Na, nun trink doch!" – Der Kuhhirte brummelt wieder etwas. – „Was sagst du?" fragt König Fritz. – „Ierst kümmt de Herr von 'n Huus!" sagt der Kuhhirte. – „Das ist dein Glück", sagt König Fritz. „Ich hätte dir einen rangebackt, gerade so, wie du mir einen gegeben hast." ...Das ist aber wahr, das sind keine Lügen. [34]

Der Alte Fritz und der mecklenburgische Bauer

Der Alte Fritz, der große König, war einmal beim Herzog von Mecklenburg-Strelitz zu Besuch. „Hier wohnen ja wohl recht viele von den dummen Bauern", sagte der König, „mit so einem Kerl würde ich gern mal sprechen!" – „Gut", erwiderte der Herzog, „dann will ich dir mal einen nach Berlin schicken. Ich werde ihm sagen, er solle dir einen Hund bringen. Dafür gebe ich ihm hundert Taler, und du musst ihm auch hundert Taler geben, sonst tut er das nicht." – „Wenn du meinst, dass der Spaß das wert ist – dann man zu!"

Da lässt der Herzog einen Bauern kommen und bespricht das mit ihm. – „Ja", sagt der Bauer, „denn will ick dar mal op aff."

Friedrich II. in seinem Arbeitszimmer

Der König mit Voltaire im Schloss Sansouci

Er nimmt sich einen Hund an die Leine, geht nach Berlin und kommt vor dem Schloss an. Der Posten will ihn aber nicht hineinlassen. – „Wat, du wullt mi ni rinlåten?" sagt der Bauer. „Un ick schall hen nåh 'n König." – „Hunde kommen hier nicht herein", sagt der Posten.

Der Bauer macht Lärm. Der König hört es, sieht aus dem Fenster und befiehlt dem Posten, er solle den Bauern durchlassen. Nun kommt der Bauer hinein.

„Gud'n Dag", sagt er, „is He de König? Ick schull gröten von den' Herzog von Meckelnborg, un ick bring' em den' Hund." – „Na", sagt der Alte Fritz, „dann komm man rein", und geht mit ihm in die beste Stube. – „Dunnerja", sagt der Bauer, „dat is ja 'n mächtigen Staat hier in dat Lock! Ick kann mi wull 'n beten dålsetten", sagt er, „ick bün meist möd' word'n." Er setzt sich. „Junge", sagt er, „ick heff mi frisch Stroh in de Steeweln kreegen, dat is meist fuchtig [feucht] word'n ünnerwegens. Dat kann ick wull 'n beten in 't Röhr legg'n", sagt er und zieht seine Stiefel aus und legt das Stroh in die Röhre, damit es trocknen soll. Dann nimmt er seine Pfeife aus der Tasche. „Hest ok Tabak?" sagt er. „Nu mutt ick eersmal smöken [rauchen]."

Da kommt die Königin herein. – „Is dat de Fruu?" sagt er. „Dat is je 'n mächtig grot un slank Wiew. Woveel Kinner hett He denn, dreißig?" – Die beiden können vor Lachen nicht an sich halten, und ein Diener muss Wein bringen. – „Is dat eeg'n bruut?" fragt der Bauer. „Nein!"

Nachher kommen die Generäle. Es ist Zeit zum Essen, und der Bauer muss sich mit an den Tisch setzen. Da kommt ein Truthahn auf den Tisch. „Junge", sagt der Bauer, „dat is je 'n mächtig grot Rapphohn!" Er kriegt auch ein Messer. „Wat schall dat Schiet", sagt er, „ick nehm mien Fleesch ümmer in de Hand."

Er muss auch zur Nacht bleiben. „Junge, wat 'n Bettplatz", sagt er, „ick bün dat gewohnt mit twee in een Bett."

Am andern Tag will er wieder nach Hause. – Er hätte doch auch fahren können, meint der König. – „He meent ok wull, ick heff de Kracken [Pferde] in 'n Stall un kann man anspannen laten. Nee, dat is in de Saattiet, de Peer hebbt keen Tiet. Dee sösshunnert Mark kunn ick mi alleen verdeen'n!" [35]

Verkleidet und unterwegs

Wie der Alte Fritz und Zieten beim Bauern übernachteten

Dem Alten Fritz lag nichts mehr am Herzen, als sein ganzes Volk von Grund aus kennen zu lernen, damit er es dann um so besser regieren könne. Aus dem Grunde zog er sich häufig schlechtes Zeug an und sprach darauf in dieser Verkleidung bei dem gemeinen Manne vor. Denn wenn er in königlicher Pracht und Herrlichkeit gekommen wäre, so hätten sich die Leute aus Furcht und Verlegenheit doch nicht so gezeigt, wie sie eigentlich waren.

So klopfte der König mit seinem treuen Zieten, als Bettelleute verkleidet, eines Abends bei einem Bauern an die Türe und begehrte Speise und Trank und Nachtlager dazu. Der Bauer willfahrte der Bitte, und es wurde den beiden eine große Schüssel mit Grütze vorgesetzt. Die waren aber andere Speise gewohnt und konnten keinen Bissen herunterbringen. – „Ihr bettelt und wollt dann wählerisch sein?" sprach der Bauer erregt. Und hast du nicht gesehen, hatte der Alte Fritz einen Backenstreich bekommen, dass ihm Hören und Sehen verging. Als er wieder zu sich kam, musste er wohl oder übel von der schmalen Kost zulangen, wollte er nicht den Zorn des Bauern noch größer machen.

Nach der Mahlzeit wies man den beiden in der Scheune ein Lager an und machte ihnen bekannt, morgen würde gedroschen, und sie müssten mithelfen. Ehe am andern Tage die Sonne aufging, erschien denn auch der Bauer an ihrem Lager und hieß sie aufstehen. Doch das Frühaufstehen war ihnen fast noch ungewohnter als gestern das kärgliche Abendbrot. Kaum war ihr Wirt aus der Scheune herausgegangen, so taten sie darum auch schon die Augen wieder zu und schliefen weiter.

Als die vermeintlichen Bettler nicht bei der Arbeit erschienen, wurde der Bauer sehr zornig, ergriff seinen Knotenstock, schlich sich in die Scheune und prügelte den Alten Fritz, der vorne lag, tüchtig durch und befahl den beiden von neuem aufzustehen. Aber auch jetzt konnten sie ihre Faulheit noch nicht überwinden. Nun befahl der König dem Zieten, dass er den Platz mit ihm tausche, da er nicht noch einmal von dem Bauern durchgeprügelt werden wollte.

Dieser wartete mit dem Dreschen eine kurze Zeit, und als wiederum keiner kam, ging er zum dritten Male in die Scheune und rief: „Ihr faulen Schelme, seid ihr denn ganz

Friedrich II. und die Schuljugend

Der König und sein Leibross

unverbesserlich? Aber diesmal sollst du dahinten die Prügel bekommen, damit du nicht leer ausgehst." Und damit zog er den Alten Fritz am Bein aus seinem Versteck hervor und prügelte ihn wieder durch.

Jetzt riss dem König die Geduld. Rasch sprang er auf, lief mit Zieten zum Gehöft hinaus und machte, dass er wieder nach Berlin in das königliche Schloss kam.

Einige Tage später wurde der Bauer zum König befohlen, und als er nun mit schlotternden Knien vor ihm stand, fragte der Alte Fritz ihn gar leutselig, ob nicht neulich zwei Bettelleute auf seinen Hof gekommen wären. – „Jawohl", sagte der Bauer, „sie haben bei mir gegessen und geschlafen. Doch als sie zum Entgelt am andern Morgen dreschen sollten, da sind sie aus dem Haus gelaufen." – „Ist dies vielleicht einer von den beiden?" sagte der König, und durch eine Seitentüre trat Zieten herein, in der Kleidung, die er damals getragen hatte. – „Ja, das ist der eine", antwortete der Bauer. „Hätte ich nur noch den andern dazu, es sollte den Schelmen schlecht gehen."

Darauf ging Zieten hinaus, kleidete sich um und kam in seiner Generalsuniform wieder. Jetzt erkannte ihn aber der Bauer nicht, ebenso wenig, wie er es gemerkt hatte, dass der Alte Fritz derjenige von den beiden Bettlern gewesen war, den er so sehr durchgeprügelt hatte. Nun blieb Zieten mit dem Bauern allein, der König verließ den Saal und erschien nach wenig Augenblicken ebenfalls in dem Bettlerkleide. – Der Bauer erkannte ihn auch sogleich und rief: „Da hab' ich dich ja, du Tagedieb! Wo ist aber nun der andere, damit ich euch beide unserm Herrn und König vorführen kann." Schon wollte der Bauer ihn anpacken, aber der Alte Fritz entwich ihm, um gleich darauf in seiner königlichen Kleidung wiederzukommen.

Nachdem sie sich nun genugsam über die Einfalt des Bauern gefreut hatten, ging man zu Tisch, und der Bauer musste sich auch mit hinsetzen. Während die anderen aber die köstlichsten Speisen bekamen, erhielt er nichts anderes, als eine Schüssel mit Grütze. Da mochte es ihm gar nicht schmecken, und er konnte kaum einen Bissen herunterwürgen. – „Du Schelm", rief jetzt der König ebenfalls, „ist dir die Speise nicht gut genug?" Und damit gab er ihm einen Backenstreich.

Jetzt gingen dem Bauern die Augen auf, und er merkte, wer damals seine Gäste gewesen waren. Totenbleich bat er den König um Verzeihung. Der Alte Fritz aber lachte und hieß ihn guten Mutes sein, ließ ihm andere Speisen vorsetzen und entließ ihn zu guter Letzt reich beschenkt in seine Heimat. (36)

Die Bestrafung des hämischen Grafen

König Fritz ist auch wieder einmal im Lande umhergereist. Und natürlich hat er immer Handwerksburschenkleidung angehabt, damit ihn keiner erkennen sollte.

Nun kommt er zu einem Bauern, als es Abend ist, und fragt ihn, ob er nicht die Nacht bei ihm bleiben kann. – „Ja", sagt der Bauer, „ick heff hüüt gråd' 'n Pierd verköfft. Dat Ruum is leer. Dor liggt 'n Bund Stroh, dor krup man rin!" – Na, Fritz kriecht da rein und schläft die Nacht auch ganz schön.

Morgens, als Fritz nun rauskommt, ist der Bauer dabei und schmiert seinen Wagen. – Fritz geht zu ihm ran und fragt ihn, ob er zur Stadt fahren will. – „Ja", sagt der Bauer. – „Ja", sagt Fritz, „da wollte ich auch gerade hin. Kann ich denn vielleicht ein bisschen mitfahren?" – „Ja", sagt der Bauer, „œwer wi äten ierst Frühstück, du kriggst ok wat."

Als sie nun Frühstück gegessen haben, spannt der Bauer ja auch die Pferde an, und sie fahren los. – Unterwegs sagt Fritz: „Lass mich auch einmal ein bisschen fahren! Ich bin früher auch Knecht beim Bauern gewesen und mag auch gern ein bisschen fahren." – „Na ja." – Der Bauer gibt ihm Leine und Peitsche, und Fritz fährt los.

Das dauert nicht lange, da sehen sie von fern ein Viergespann mit geschlossener Kutsche herangepreescht kommen. – „Dor!" sagt der Bauer. „Dor kümmt uns' Gråf! Den' möten wi ut 'n Wäg' führen, süss möt ick morgen henkåmen un hålen mi fiefuntwintig in de Jack." – „Was?" sagt Fritz. „Was habt ihr hier für eine Mode? Jeder fährt im halben Weg! Und dann kommt man auch schön aneinander vorbei!" – „Nee, nee", sagt der Bauer, „do mi man de ..." – „Nein, nein", sagt Fritz, „lass mich man fahren!" – „Ja, ick möt denn hen un hålen mi morgen fiefuntwintig in de Jack." – „Das ist egal", sagt Fritz, „dann komme ich mit und nehme dir die Hälfte ab."

Na, Fritz fährt im halben Weg. Und was soll der andere machen? Er muss auch im halben Weg fahren. Und beim Vorbeifahren, da lässt er hinten die Klappe von der

Friedrich II. auf Inspektionsreise

An der Spitze seiner Soldaten

geschlossenen Kutsche herunter und ruft so im Vorbeifahren: „Morgen früh um neun. Sie wissen ja Bescheid!" – „Jawoll, Herr Grâf", sagt der Bauer. – Als sie nun vorbei sind, sagt der Bauer: „Sühst du, heff ick di dat nich seggt!" – „Lass doch", sagt Fritz. „Ich komme mit und nehme dir die Hälfte ab."

Na ja. Sie gehen morgens beide hin und sind auch pünktlich um neun auf dem Hof. Als sie nun raufkommen auf den Hof, liegt der dicke Graf im Fenster und will sich immer totlachen. Und als sie heran sind, kommt auch schon der Schließer um die Ecke mit der großen Peitsche. – Und ehe der nun heran ist, sagt Fritz zu dem Schließer: „Hast du heute Morgen auch schon einen Schluck Schnaps bekommen? Ich meine, wenn du einen getrunken hast, dann schlägst du schärfer. Wir können das gut vertragen. Geh man zur Wirtschafterin und lass dir einen einschenken!"

Der Schließer geht hin un lässt sich einen einschenken von der Wirtschafterin. Und derweil knöpft Fritz nun seinen Handwerksburschenrock auf und lässt mal seine Königstracht ein bisschen herausschauen. Donnerwetter, mit einmal verschwindet der Dicke da vom Fenster. Weg ist er.

Als der Schließer nun wieder herumkommt, da sieht der auch, was los ist, und fängt auch an zu stutzen. – „Na na, nun komm nur her!" sagt Fritz. „Ich tu dir nichts." Als der Schließer nun herankommt, da sagt er: „Nun geh mal hin, und dann hol uns den mal her, der sich das Lachen vorhin nicht halten konnte im Fenster!"

Der Schließer muss ihn holen. Und wie er nun kommt, da sagt Fritz: „So, die fünfundzwanzig, die wir haben sollten, die kriegt er nun. Man los, ich zähle!"

Na, der Schließer schlägt ja nun zu: „Eins, zwei, drei" und so weiter. Als er nun bis zwölf ist, da sagt Fritz: „Halt, du schlägst mir nicht scharf genug!" Und er sagt zu dem Bauern: „Weißt du nicht einen, der noch eine ordentliche Handschrift schreibt?" – „Ja", sagt der Bauer, „mien Jehann, mien Pierd'knecht, dee schrifft 'ne gode Handschrift!" – „Na, wir haben Zeit. Den hol uns mal her!"

Na, Johann kommt, nimmt die Peitsche, und nun geht das Zählen weiter: „Dreizehn, vierzehn, fünfzehn" und so weiter. Und als er nun bis fünfundzwanzig gezählt hat, da sagt Johann: „Äh wat, eenen gifft jeder oll Fischkarrer to!" Und nascht ihm noch ordentlich einen rüber. Und seitdem ist dort jeder im halben Weg gefahren. [37]

König Fritz und der prügelnde Gutsherr

Ein Rittergutsbesitzer hat seine Leute so viel geschlagen. Davon will König Fritz sich überzeugen. Er sagt zu seinen Adjutanten: „Bleibt ihr man hier." – Da sieht er einen Knecht, zu dem ist er hingegangen: „Hast du wohl ein bisschen Feuer für meine Pfeife?" – „Je, ick wull di woll wat gäben, œwer ick dörf dat nich. Wenn de Herr dat gewohr ward, lett he mi fiefuntwintig uptellen." – „Oh, ich nehme dir die Hälfte ab", sagt König Fritz, „und der Herr sieht das ja gar nicht." – „Ja, he is dor, he süht dat", sagt der Knecht. – Nun kommt ja der Herr an. König Fritz erzählt, ihm sei die Pfeife ausgegangen.

Der Herr lässt ja nun dem Knecht fünfundzwanzig einzählen. – „Je", sagt König Fritz, „ich will ihm die Hälfte abnehmen." – „Nein, du kannst deine fünfundzwanzig auch kriegen." – Da knöpft der König seinen Rock auf.
Seitdem hat der Gutsbesitzer seine Leute nicht wieder geschlagen. [38]

Als die Edelleute sich wiegen ließen

Die Edelleute haben sich früher von den Bauern wiegen lassen. Die Bauern sind ja dem Edelmann untertan gewesen. Die haben einen Knecht schicken müssen, der hat ihn wiegen müsssen.

König Fritz trifft auch einmal einen Knecht auf dem Feld, der liegt da und schläft. – „Du liegst ja hier und schläfst?" sagt König Fritz. – „Ja, Königliche Majestät, ick bün möd', ick heff œwer Nacht weigen müsst." – „Was hast du denn gewiegt?" – „Je, wi möten jo ümmer den' Eddelmann weigen." – „Lässt der Edelmann sich denn wiegen?" – „Ja." – „Na, wenn Er wieder einmal hin muss zum Wiegen, dann bring Er mir Ordre, dann will ich hin."

Nun kommt das ja auch wieder so. König Fritz zieht den Rock des Knechts über seine Kleidung und wiegt ja nun den Edelmann. („Wenn wi inschlåpen, kriegen wi noch Schläg' to", hat der Knecht ihm schon vorher gesagt). König Fritz tut nun so, als wenn ihm die Augen zufallen wollen. – „Soll ich mal die Peitsche herkriegen?" ruft der Edelmann. – König

Friedrich sucht Schutz vor einem feindlichen Spähtrupp

Der König und „sein" Volk

Fritz wiegt wieder einen Ruck, hinterher wird er wieder schläfrig. Der Edelmann will hoch und ihm ein paar langen.

Da macht König Fritz seine Kleidung auf. Da sieht der Edelmann den König vor sich stehen und hat sich entschuldigt. – Ja, hat König Fritz gesagt, er schliefe so ohne Wiegen. Dann könne der Edelmann auch ohne Wiegen schlafen.

Von der Zeit an hat das aufgehört: Da sind die Edelleute nicht wieder gewiegt worden. [39]

Friedrich der Große und der Amtmann von Sylow

Zu Zeiten Friedrichs des Großen war so ein schlimmer Amtmann in Sylow. Wenn einer nur ein bisschen zu spät kam, gleich gab es Prügel. Davon hatte Friedrich der Große gehört, kaufte sich den schlechtesten Rock, den er nur kriegen konnte, und ging hin nach Sylow zum Schenker. Er fragte diesen, ob der Amtmann keinen Knecht brauchen könne. – „Ja, den kann er brauchen, aber du wirst Prügel kriegen."

Es war Abend, und es wurde nichts mehr gemacht. Ein Bett bekam der König nicht, er musste so schlafen.

Des Morgens rief der Wirt: „Steh auf, du wirst Prügel kriegen." Friedrich der Große sprach nichts und blieb liegen. – Zum zweiten Mal kam der Wirt und sagte: „Steh auf und geh, du wirst Prügel kriegen." Friedrich der Große sprach nichts und blieb liegen. – Da kam er zum dritten Mal und sagte: „Steh auf und geh, du wirst Prügel kriegen."

Darauf stand Friedrich der Große auf und musste Mehlsuppe essen wie die Übrigen und ging hin auf den Hof. Da kam der Amtmann und schlug gleich von oben herunter, und jener bat, er solle ihn nicht prügeln. Der Amtmann aber hörte nicht auf.

Wie es dem König nun anfing weh zu tun, da hat er den obersten Rock abgezogen, und es kam der Stern zum Vorschein. Da kriegte der Amtmann einen Schreck, und der König ließ ihn alsobald auf einen Mistwagen packen und fortfahren. Da war ihn das Dorf los. [40]

König Fritz, der Schulze und der Nachtwächter

In einem Dorf hat der Schulze keine Leute übernachten lassen wollen. Da sind Beschwerden über Beschwerden an ihn gekommen, es hat aber alles nichts geholfen.

Zuletzt kriegt König Fritz das zu wissen. Er hat sich verkleidet und fragt beim Schulzen an, ob er zur Nacht bleiben könne. – Der Schulze weist ihn ab.

König Fritz fragt die Dorfleute, wo ihr Nachtwächter wohnt. – „Da und da." – Er klopft beim Nachtwächter an, ob er die Nacht da bleiben könne. – „Ja, giern." – Der Nachtwächter und seine Frau haben Pellkartoffeln in Salz gestippt. Sie haben König Fritz gesagt, wenn er Appetit habe, solle er sich man mit an den Tisch setzen. – Das hat König Fritz getan.

Was hat König Fritz am andern Morgen gemacht? Er hat den Schulzen abgesetzt und ihn zum Nachtwächter gemacht. Und den Nachtwächter hat er als Schulzen eingesetzt. [41]

König Fritz und der freundliche Schweinehirt

König Fritz kommt zu einem Schweinehirten und fragt nach dem Herrn. Das ist ein böser Herr gewesen. – Er solle nicht hingehen, sagt der Schweinehirt. – König Fritz geht doch hin. Er hat sich Handwerksburschenzeug angezogen. Der Herr hat die Hundepeitsche hergekriegt und hat ihn vom Hof gejagt.

Er bittet nun um Nachtquartier bei dem Schweinehirten. Die Frau hat nur ein Strohlager und ein bisschen Griesmehlsuppe. Der Schweinehirt sagt: „Wi willen em in 't Bett liggen låten, wenn he keen Lüüs' hett." – Das geschieht denn auch.

Am Morgen hat König Fritz sein blankes Zeug vorgeholt und hat den alten Schweinehirten auf das Gut gesetzt. [42]

Strafpredigt an die Minister

Bittsteller beim Alten Fritz

Der Alte Fritz und die Trinker

In einem Dorf gingen die Bauern sonntags nicht in die Kirche, sondern in die Schenke und soffen. Das hörte der Alte Fritz und ging auch in die Schenke.

Da saßen viele Bauern, und der König setzte sich in eine Ecke mitten unter sie. Die Bauern schenkten sich Branntwein ein, und das Glas ging herum: Es stand ein Gläschen und ein Fläschchen mit Schnaps auf dem Tisch, und nun wurde der Reihe nach getrunken, indem einer dem andern Glas und Flasche weitergab. Und wie es an den König kam, schob er es zurück und sprach: „Ich habe kein Geld, mag's so 'rumgehen, zurück." – Dann ließen sich die Bauern wieder einschenken und tranken von neuem. Und das Glas kam wiederum an den König, und er schob es abermals zurück und sprach: „Mag's so 'rumgehen, zurück." – Und so geschah es vier-, fünfmal, bis die Kirche fast vorbei war.

Da gab der König dem Nächsten mit der Rechten einen Backenstreich und sprach: „Mag's so 'rumgehen." Und einer gab ihn dem andern weiter, und der Backenstreich ging herum. Und wie sie damit fertig waren, gab der König mit der Linken einen Backenstreich und sprach: „Mag's so 'rumgehen." Und so mussten sie sich die Backenstreiche zurückgeben. – Danach schlug der König den Mantel zurück und zeigte seinen Stern. Am andern Sonntag gingen sie fein säuberlich in die Kirche. [43]

Der Alte Fritz und das Alter des Bauern

Einst ritt der Alte Fritz übers Feld und erblickte einen hochgewachsenen, starken Mann, der mit seinen Rossen das Feld bepflügte. – „Was bist du für ein kräftiger Kerl!" rief ihm der König zu. – Da schaute der Bauer auf, ergriff den schweren Eisenpflug und wies damit quer über das Feld hin: „Dort, Königliche Majestät", sagte er, „steht mein Bruder, der ist noch zehnmal stärker wie ich."

Der Alte Fritz hätte nun gerne mehr gewusst von dem Mann und fragte ihn nach seinem Geburtsjahr. – Da antwortete der Bauer: „Die Zahl kenne ich nicht, nur das weiß ich, dass in ihr Hinterstes und Vorderstes, Oberes und Unteres, alles ganz gleich ist."

Die Nuss war dem Alten Fritz zu schwer. Er kehrte ins Schloss zurück und erzählte seinem treuen Hofnarren Kion den Handel. Nun dachten sie zu zweien nach, und da fanden sie endlich, der Bauer könne nur die Zahl 1691 gemeint haben; denn nur bei ihr sei das Hinterste gleich dem Vordersten und das Obere gleich dem Unteren.

Der Bauer wurde herbeigerufen – und richtig, es stimmte, er war im Jahre 1691 geboren. Der König aber lachte über das treffliche Rätsel und entließ den starken Mann, reich beschenkt, in seine Heimat. [44]

Der Alte Fritz und der klagende Bauer

Wieder ein andermal beklagte sich ein Bauer beim Alten Fritz, dass es ihm so schlecht ginge und dass es im Winter für ihn nichts zu verdienen gäbe. – Der Alte Fritz erwiderte: „Warum können die sieben nicht die fünf ernähren?" – Der Bauer erriet sogleich den Sinn dieser Worte und versetzte: „Ja, das ginge wohl, wenn nur die Zweiunddreißig nicht wären." Das sollte heißen, die sieben guten Sommermonate könnten wohl die fünf schlechten Wintermonate aufwiegen, wenn nur nicht die zweiunddreißig Zähne wären, die immer etwas zu beißen haben wollen.

Der König verstand nicht sogleich, was der Bauer sagen wollte. Als er aber die Lösung hörte, gefiel sie ihm so gut, dass er den Bauern reich beschenkte. Doch musste ihm dieser versprechen, nicht eher etwas von dem Rätsel zu sagen, als bis er das Antlitz des Königs wiedergesehen hätte.

Bald darauf gab der König seinen Offizieren dasselbe Rätsel auf, aber keiner konnte es raten. Da ging einer der Offiziere zu dem Bauern und bat ihn um die Lösung des Rätsels. Als ihm der Offizier dabei ein Goldstück mit dem Bildnis des Königs in die Hand drückte, teilte er ihm mit, welche Bedeutung das Rätsel hätte.

„Es lebe Friedrich der Große!"

Friedrich II. beim Ausritt mit wenigen Begleitern

Nun konnte der Offizier dem König die Lösung des Rätsels geben und erhielt dafür den von dem König ausgesetzten Preis von hundert Friedrichsdor.

Der König rief darauf voll Zorn den Bauern herbei und stellte ihn zur Rede, warum er nicht geschwiegen hätte. – Der Bauer aber hatte eine gute Ausrede, indem er sagte, er habe erst gesprochen, als er das Antlitz des Königs auf dem Goldstück wiedergesehen habe. [45]

Der Alte Fritz und der säende Bauer

Auf einer seiner Reisen kam der Alte Fritz einmal an einem Ackerfeld vorbei. Auf dem säte ein Bauer Erbsen und sagte dabei fortwährend: „Kåma sei, so kåma sei nich; kåma sei nich, so kåma sei!" – Der König hörte die Worte und wollte gern ihre Bedeutung erfahren. Deshalb schickte er seinen Adjutanten hin und ließ fragen, welchen Sinn die Worte hätten. – Der Bauer sagte: „Die Tauben unseres Edelmanns pflegen gewöhnlich zu kommen und die Erbsen aufzusammeln. Kommen sie nicht, so gehen die Erbsen auf; kommen sie aber, so gehen die Erbsen nicht auf."

Dem Alten Fritz gefiel das Rätsel, und er befahl dem Bauern, er solle dessen Deutung weiter niemand sagen, es sei denn, dass er ihn hundertmal gesehen habe. Da der Ort weit von der Residenz entfernt lag, so glaubte der König, dies könne nie geschehen.

Zu Hause nun gab er das Rätsel seinen Freunden und Ministern auf und versprach, demjenigen einen hohen Preis zu zahlen, der es löse. Aber keiner konnte es. Nur einer war dem König an Schlauheit überlegen. Dieser erforschte listig von dem Adjutanten, wo und von wem der König das Rätsel gehört habe, und dann reiste er sofort zu dem Bauern und bat ihn um die Lösung.

Der Bauer verweigerte das und sagte, er dürfe die Lösung erst dann sagen, wenn er den König hundertmal gesehen habe. Doch der Schlaukopf wusste Rat. Er zeigte dem Bauern den König hundertmal auf hundert verschiedenen Talerstücken, und für eine gute Belohnung sagte nun der Bauer die Deutung.

Triumphierend reiste der Schlaue nach Hause und sagte dem König die Lösung. Der Alte Fritz sah sich überwunden und musste ihm den ausgesetzten Preis zahlen. [46]

König Fritz muss raten

König Fritz reist einmal über Land und kommt bei einem Bauern herein. Er fragt ihn, wie er heiße. – „Jo", sagt der Bauer, „ick heet Fritz." – „Mensch", sagt der König, „da heißt du ja genauso wie ich."

Nun fragt er ihn nach diesem und jenem und sagt zu ihm: „Hast du da auch eine Schwester?" – „Jo", sagt der Bauer, er habe auch eine Schwester. – „Na", sagt Fritz, „ich bin hier doch schon überall durchgegangen und habe sie nicht gesehen. Ist die da nicht im Haus?" – „Jo", sagt der Bauer, „dee is hier. De sitt in 't Hell un beweent dat, wat s' vörnher hett belacht." – Da weiß König Fritz nun nicht, was das sein soll, und fragt den Bauern, was das bedeuten solle. – „Nee", sagt der Bauer, das kann er ihm nicht sagen, das muss er raten. – „Das kriege ich nicht heraus", sagt der König, er soll es ihm doch sagen. – „Jo", sagt der Bauer, wenn er ihm fünf Taler gibt, dann sagt er es ihm. – Dem König kommt das ja nun aufs Geld nicht an. Er holt den Geldbeutel hervor und gibt dem Bauern die fünf Taler. – Nun muss der Bauer ja damit heraus. „Jo", sagt er, „bie mien Schwester kümmt de Knappen-dräger. Un nu beweent s' dat, wat s' vörnher hett belacht."

Nun fragt der König, ob er auch noch einen Bruder hat. – „Jo", sagt der Bauer, „ick hebb uck noch 'ne Broder." – Wo der denn ist, fragt Fritz. – „Dee is up Jagd", sagt der Bauer. – Ob er da auch viel kriegt, fragt Fritz. – „I jo", sagt der Bauer, „dee he kriggt, dee lett he dor, un dee he nich kriggt, dee bringt he werrer mit." – Da weiß der König nun wieder nicht, was das bedeuten soll. Und er kriegt das auch nicht heraus. – Der Bauer verlangt wieder fünf Taler, wenn er es ausgedeutet haben wolle. – Fritz muss man wieder fünf Taler rausrücken. – Nun gehen sie beide hin nach der Scheune, und dort sitzt der Bruder auf dem Scheunenflur und ist auf Läusejagd: Die er kriegt, die schmeißt er weg, und die er nicht kriegt, die muss er ja wieder mitbringen.

Der Alte Fritz und Zieten

Der Alte Fritz im Felde

Nun fragt ihn der Alte Fritz, ob er auch noch einen Vater hat. – „Jo", sagt der Bauer, er hat auch noch einen Vater. – „Wo ist der denn?" – „Jo, dee is up 't Fild un möckt von eene Schåden twee." – Das möchte Fritz nun wieder gern wissen, kriegt es aber nicht heraus. Ob er es ihm da nicht sagen will? – „Jo, åber erst fief Dåler, ehrer nich." – „Ist gut", sagt Fritz, „hier sind die fünf Taler." – Nun spannt der Bauer an, und sie fahren beide aufs Feld. Der Weg ist sehr schlecht, und nun fahren sie dem Bauern immer auf der Saat entlang. „Nu schmitt he Gråwens so quer røwer up, dat s' dor nich föhre schöle." Und nun fahren sie an den Gräben vörbei noch weiter aufs Land. So sind aus einem Schaden zwei geworden.
Nun hat Fritz aber genug von dem Raten; dabei konnte er ja sein ganzes Geld loswerden. [47]

König Fritz und der Bauer aus Constantinopel

Ein andermal befand sich der König in der Nähe von Stargard, wo das Dorf Constantinopel liegt. Als ein Bauer des Weges geschritten kam, fragte ihn der König, wo er her wäre. – Der antwortete: „Aus Constantinopel." – Der König, der von der Existenz des Dorfes keine Ahnung hatte, glaubte, die Antwort sei als Scherz aufzufassen, und fragte den Bauern weiter: „Was macht denn der Sultan?" – Der Bauer, der einen Hund mit Namen Sultan hatte, erwiderte schlagfertig: „Dee liggt up 'n Mess un schlöppt!" [48]

Der Alte Fritz wird in Neustettin begrüßt

Einst bereiste der Alte Fritz die Provinz Pommern, um nach dem Rechten zu sehen. Sein Weg führte ihn auch durch Neustettin. Der Bürgermeister und seine Stadträte empfingen den König vor einer Ehrenpforte. Der Bürgermeister räusperte sich, dann hielt er eine Rede, die war sehr kurz. Er rief: „Mit Hurrah, mein König, empfing man dich in Vorderpommern, ein gleiches soll dir auch im Hintern donnern! Es lebe der König!" [49]

Der Alte Fritz und der Bürgermeister von Neustettin

Auf seinen Reisen von Stargard nach Graudenz pflegte der König in Neustettin zu Mittag zu speisen. Hier fanden sich denn oft Leute ein, welche ihm Bittschriften überreichten. Auch der damalige Bürgermeister der Stadt kam zum König, und als er vorgelassen worden war, bat er für sich um Baugeld. – Der König aber antwortete, der dicke Bauch des Bürgermeisters beweise, dass er gute Einkünfte habe; er bedürfe daher der Baugelder nicht. – Darauf erwiderte jener: „Ihre Majestät, in dem dicken Bauch sind lauter Krüllkartoffeln. Ich versichere das devotest auf meinen Diensteid, denn ich muss sie alle Tage genießen, um nicht zu verhungern." – Der König lächelte und bewilligte das Baugeld. [(50)]

Der Alte Fritz und der alte Blume

Dem Großvater des Pastors Blume in Pommern hatte der Alte Fritz mehrere hundert Taler Geld zum Ankauf eines Bauernhofes geschenkt. Einst kam der König während eines Manövers in jenes Dorf. Der alte Blume erbat und erhielt Audienz. Er wollte sich in schön gesetzter Rede bedanken. – Aber gleich beim ersten Satz fiel ihm der Alte Fritz schon ins Wort und sagte: „Ich will bloß wissen, ob Er das Geld erhalten hat!" – Als jener das bejahte, winkte der König kurz mit der Hand ab und ritt weiter. [(51)]

Der Alte Fritz, der Pastor und der Kandidat

Der Alte Fritz fuhr einmal über Land, um nachzuschauen, wie es seinen Untertanen ginge. Den Kopf hatte er voller Sorgen, denn es stand nicht allenthalben ganz so gut, wie er es wohl wünschte. Als er nun durch ein großes Dorf kam, sah er über der Tür des Pfarrhauses ein Schild angeheftet, darauf war geschrieben: „Ich bin der Prediger von N. N. und lebe ohne Sorgen." – „Warte einmal", dachte der Alte Fritz bei sich, „dich werden wir kriegen."

Der Alte Fritz in der Schlacht

„Kerl, Er hat ja kein Pulver auf der Pfanne!"

Der Kutscher musste halten, und der König trat in das Pfarrhaus. „Hat Er das Schild an das Haus heften lassen?" herrschte er den Pastor an. – „Jawohl, Königliche Majestäten, das habe ich getan", stotterte der Prediger. – „Und hat Er wirklich keine Sorgen bei der großen Gemeinde und den vielen Seelen, die Er zu versorgen hat?" fuhr der Alte Fritz fort. – „König-liche Majestäten, es ist ein reiches Bauerndorf." – „Ach was, reich! Wenn Er keine Sorgen hat, so werde ich ihm Sorgen machen. Hier geb' ich ihm drei Rätsel auf. Das erste lautet: Wie weit ist es bis zum Himmel? Das zweite: Wie tief ist das Meer? Und zum dritten soll Er mir sagen, was ich denke. Und kann Er mir die drei Fragen nach drei Tagen nicht beantworten, so ist Er die längste Zeit Pastor gewesen und kann sehen, wo Er bleibt." Damit stieg der König wieder in den Wagen und fuhr davon.

Dem Prediger schlackerten die Knie, und er ging herum wie ein verlorener Mann. Er grübelte und grübelte, und der Kopf wollte ihm schier platzen, und doch konnte er die Rätsel nicht lösen.

Nun hatte er bei sich wohnen einen armen, verhungerten Kandidaten, der musste um wenig Lohn für den reichen Herrn Pastor die Predigten halten und die Amtsgeschäfte besorgen. Als der seinen Brotherrn so verzweifelt herumlaufen sah, tat er ihm in der Seele leid, und er sprach zu ihm: „Herr Pastor, was ist Euch?" – „Ach, Er kann mir doch nicht helfen!" – „Aber, Herr Pastor, vielleicht ließe sich doch etwas machen!" Und er redete so lange auf ihn ein, bis der Prediger ihm seinen Kummer offenbarte. – „Wenn's weiter nichts ist, dafür lasst mich sorgen!" rief der Kandidat. – Da fasste der Pastor neuen Mut und versprach dem Kandidaten fünfhundert Taler, wenn er ihn aus der Not retten würde.

Als der dritte Tag kam, zog der Kandidat des Pastors Talar an, ließ sich die Beffchen vorbinden und setzte das Barett auf den Kopf. So trat er dem Alten Fritz entgegen. – „Nun, wie weit ist's bis zum Himmel?" fragte der König. – „Eine Tagereise!" versetzte der Kandidat. – „Wie meint Er das?" fragte der König verwundert. – „Je nun, das muss wohl so sein", sagte der Kandidat, „die selig Verstorbenen übernachten doch nicht, wenn ihre Seelen gen Himmel fahren." – „Na ja, Er hat recht", sagte der Alte Fritz hastig. „Nun weiter, wie tief ist das Meer?" – „Das schätze ich einen Steinwurf tief", erwiderte der Kandidat. – „Er Schelm!" rief der König verwundert. „Nun das letzte Rätsel: Was denke ich?" – „Das ist das leichteste", sagte der Kandidat. „Der Herr König denkt, ich sei der Pastor von N. N., und ich bin doch nur sein armer Kandidat." – „So, der Herr Pastor ist gar nicht vor mir", sprach der Alte Fritz, „dann gehe Er eilends hin und rufe ihn mir heraus."

Als der Pastor kam, sagte der König: „Packe Er seine Sachen, und mache Er, dass Er von dem Pfarrhofe kommt, seines Bleibens ist hier länger nicht mehr!"

An seiner Stelle wurde darauf auf des Königs Befehl der arme Kandidat in die neue Pfarre eingeführt. Dort hat er Kinder gezeugt und Häuser gebaut, und wenn er nicht gestorben ist, so lebt er heute noch. [(52)]

Der Alte Fritz, der Pastor und der Schäfer

Der Alte Fritz kam einmal durch ein Dorf. An der Türe des Pastorhauses las er die Worte: „Ich lebe ohne Sorge." – „Halt", dachte er, „dir werde ich schon Sorge machen." Er ließ sich den Pastor rufen und sagte zu ihm: „Hat Er denn wirklich keine Sorgen?" – „Nein, Majestät", antwortete der Gefragte, „dass ich nicht wüsste." – „Dann werde ich Ihm Sorge machen", sagte der König: „Er soll mir vier Fragen beantworten: Erstens: Wie schwer ist der Mond? Zweitens: Wieviel Sterne sind am Himmel? Drittens: Wie tief ist das Meer? Und endlich: Welches sind meine Gedanken? Ein Jahr gebe ich Ihm Bedenkzeit. Weiß Er dann nicht Antwort zu geben, so ist Er die längste Zeit Pastor gewesen." – Damit ritt er von dannen.

Trotz allen Grübelns und Fragens konnte der Pastor die Antwort nicht finden. Er klagte seinem Schäfer die Not. Dieser erbot sich, sogleich nach Berlin zu reisen und dem König die Lösungen zu sagen.

Er wurde vorgelassen. Der König wiederholte die erste Frage, und der Schäfer antwortete: „Ein Pfund, denn man sagt beim Mond erstes und letztes Viertel; folglich muss der Mond vier Viertel oder ein Pfund schwer sein." – Dann fragte der König: „Wieviel Sterne sind am Himmel?" – Der Schäfer erbat sich einen Bogen Papier und machte auf demselben unzählige Tintenflecke. Dann sagte er: „So viele Sterne sind am Himmel, und wer es nicht glauben

Angreifende Grenadiere

Der Alte Fritz bei seinen Soldaten

will, der mag sie zählen." – Auf die dritte Frage antwortete er: „Das Meer ist einen Steinwurf tief." – Zuletzt fragte der König, welches seine Gedanken seien, und der Schäfer antwortete: „Ihr, Herr König, denkt, ich sei der Pastor aus Dingsda, ich bin aber nur sein Schäfer." – Dem König gefielen die Antworten, und er sagte: „So mache ich dich hiermit zum Pastor, und der Pastor soll die Schafe hüten."

Es geschah so. – Als aber nach einem Jahr der König revidierte, fand er beide unglücklich, denn der Schäfer konnte nicht predigen und der Pastor nicht hüten. Auf ihre Bitten erlaubte ihnen daher der König, dass sie ihre Ämter wieder tauschten, und beide lebten nun zufrieden bis an ihr Ende. [53]

Die beiden Prediger

In einem Dorf waren zwei Prediger. Von denen hatte der eine eine fette Stelle, der andere eine magere, und der mit der mageren Stelle musste Sonntag nachmittags in der Schenke zum Tanze aufspielen. Aber der mit der fetten Stelle war nicht zufrieden, sondern schrieb an den König; er wollte noch eine bessere haben.

Dann kam der König selbst in das Dorf, ging in die Kirche und hörte die Predigt des andern Predigers an; die war sehr schön. Und ebenso hörte er nachmittags, wie der in der Schenke geigte. – Dann bestimmte er, dass der mit der mageren Stelle die fette bekommen sollte, und sagte: „Mag der andere nun ein paar Jahre geigen." [54]

Der schlagfertige Pastor

König Fritz kommt einmal wieder nach dem Pyritz'schen Kreis hin und beschaut sich das Bruch an der Plön. Dort ist es so nass, dass man dort nicht gehen kann. Und in dem Wasser wächst weiter nichts als Rohr und saures Gras. Das kann keine Kuh fressen. Er muss doch mal sehen, ob er da nicht etwas mit machen kann wie an der Madü.

Nun hat er sich das alles vor Lübtow und bei Klücke angesehen und fährt nun über die Dörfer Prillwitz, Kloxin, Rosenfelde und Plönzig nach Fürstensee. Dort will er die Wedels besuchen. Das sind im Krieg tüchtige Soldaten gewesen.

Sein Minister sitzt ihm gegenüber im Wagen, und sie fahren beide nach Plönzig den Teufelsdamm hinunter. Da kommt ihnen ein Wagen entgegen. Das ist der Priester von Plönzig, der kommt von einem Begräbnis in Fürstensee.

Der Minister ist ein großer Priesterfeind und sieht zuerst, dass das ein Priester ist, und sagt zu Fritz: „Da kommt ein Priester an. Den möchte ich wohl gern einmal ein bisschen hochnehmen. Du hast doch nichts dagegen?" – „Du", sagt Fritz, „ich warne dich, lass das sein. So viel ich die pommerschen Priester kenne, haben die mehr Grütze im Kopf als du. Und auf den Mund sind sie auch nicht gefallen." – „Ist ganz egal", sagt der Minister, „ich werde dir zeigen, dass ich mit dem Priester fertig werde."

Nun fahren sie weiter, bis sie zusammen sind. Der Minister ruft dem Priester zu, er soll mal anhalten. Nun fragt er ihn: „Was sind Sie für einer?" – „Ich bin der Pastor von Plönzig." – „Wo kommen Sie her? Sie fahren wohl zu Ihrem Vergnügen spazieren?" – „Ich komme von einer Beerdigung in meiner Filiale Fürstensee", sagt der Priester. – „So", sagt der Minister. „Was sich so ein Priester doch heute alles leisten kann: Federwagen und blankes Geschirr. So etwas hat sein König nicht mal. Sie sollten sich den Herrn Jesus zum Gleichnis nehmen. Der ist bloß auf einem Esel geritten." – „Das geht heute nicht mehr", sagt der Priester. – „Warum denn nicht?" fragt ihn der Minister. – „Na", sagt der Priester, „erstens sind die Esel so teuer, und zweitens sind sie auch knapp. Und die paar, die noch wirklich da sind, die hat sich König Fritz nach Berlin geholt, die sitzen im Ministerium." – „Siehst du", sagt König Fritz, „hab' ich dir nicht gesagt, lass die pommerschen Priester in Ruhe? Die haben mehr Grütze im Kopf als du."

Aber innerlich hat er sich doch gefreut, dass der Minister eins ausgewischt bekommen hat. Der hat auch keinen Priester mehr angehalten. [(55)]

Begegnung mit einem Verwundeten

Der Alte Fritz nach verlorener Schlacht

Der reitende Priester

De Preesters hebben ümmer räden, wenn se in twee Kirchen to prädigen hatt hebben. König Fritz dröppt eenen von ehr un seggt to Kion: „Willen den' Preester dat Pierd affnähmen." – Kion seggt: „Nee, do dat nich, mit de Preesters is keen Spåßen." – Œwer König Fritz blifft dorbie: „Run von 't Pierd!" seggt he to den' Preester. – Dee bidd't, he sall em dat låten. – Na, wenn he dor glick 'n Vers up måken künn, süll he 't behollen. – Dor seggt de Preester: „O Gott, du Weltenrichter, was gibt es für Weltgesichter! Gib mir in meinem Herzen ein, was mögen das für Spitzbuben sein!" – „Sühst du", hett Kion seggt, „mit de Preesters is keen Spåßen." [56]

Der Müller ohne Sorgen

Ein Müller hatte über die Türe geschrieben: „Ich lebe ohne Sorge." Da fuhr mal der Alte Fritz vorbei, sah die Schrift und sagte: „Ich lebe nicht ohne Sorge", ging hinein in das Haus und fragte, wie man ohne Sorgen leben könnte. – Und der Müller sagte: „Ich habe so viel Geld, dass ich ohne Sorgen leben kann." – Da gab ihm der Alte Fritz auf, er solle zu ihm kommen, nicht zu Fuß, nicht zu Pferd, nicht nackend, nicht bekleidet, nicht an sechs Tagen, nicht in sechs Nächten.

Der Müller dichtete lange und viel hin und her, und andere halfen ihm. Zuletzt zog er sich nackend aus und hing sich das Garn von einem Kescher um, saß mit dem rechten Bein auf einem Esel und ging mit dem linken und kam am Sonnabend und am Mittwoch, denn das waren keine Tage und keine Nächte. [57]

König Fritz und der lausende Handwerksbursche

Eines Tages ging der König spazieren und traf am Wege einen Handwerksburschen, der sich Läuse absuchte. – Der König fragte: „Was macht Er da?" – Der Handwerksbursche: „Majestät, ick lause mir!" – Der König: „Es freut mich, daß Er so reinlich und so aufrichtig ist. Da hat Er einen Taler!"

Diese Worte vernahm ein anderer Handwerksbursche, der in der Nähe hinter einem Baum stand. Da er nun meinte, dass er sich den Taler auch wohl leicht verdienen könnte, schnitt er eine Wegkrümmung ab und setzte sich auf einen Stein, an dem der König bald vorübergehen musste. Dann zog er seine Jacke aus und tat so, als ob er sich das Ungeziefer absuchte.

Der König, der die Anstalten des zweiten Handwerksburschen von Anfang an beobachtet und durchschaut hatte, trat heran und fragte: „Was macht Er da?" – Der Handwerksbursche: „Majestät, ich suche Läuse!" – Da wies der König mit dem Krückstock nach dem ersten Handwerksburschen hin und sagte: „Da gehe Er zu seinem Genossen, der hat welche!" [58]

König Fritz und die merkwürdige Wurst

König Fritz ist mit Kion bei starkem Frostwetter unterwegs. An einem Prallstein liegt ein Hundekœtel, der ist gefroren. König Fritz sagt: „Den müssen wir mitnehmen." – Kion warnt: „Wenn uns das nur nicht Malheur bringt."

Sie treffen einen Handwerksburschen. Es ist bitterlich kalt. König Fritz sagt zu dem Handwerksburschen: „Schrecklich kalt." – „Ja", sagt der Handwerksbursche, „nicks in 'n Liew un nicks up 'n Liew." – „Da haben wir noch etwas Schönes", sagt König Fritz, gibt ihm den Hundekœtel und sagt, das sei ein Ende Leberwurst, das soll er auftauen und essen.

Der Handwerksbursche geht weiter und kommt in eine Gastwirtschaft. Er will ja betteln und bittet, ob die Gastwirtsfrau nicht ein bisschen Brot hat; ein Stück Wurst hätte er von

Dank an Zieten nach der Schlacht

Der einsame König

zwei Herren gekriegt, die könnte er dann dazu essen. – Die Gastwirtsfrau gibt ihm ein Stück Speck für die Leberwurst, das solle er man aufessen.

Die Wirtin nimmt das Ende Leberwurst und wirft es in die Erbsensuppe. Die hat sie so vortrefflich kochen können.

Das hat König Fritz gewusst. König Fritz und Kion gehen zurück und kommen ja zu der Wirtin. – „Na, Königliche Hoheit, wo geiht 't?" – „Es ist mächtig kalt. Kochen Sie uns man wieder Ihre schöne Erbsensuppe." – „Ja." Sie trägt die Erbsensuppe auf. Der Hundekœtel hat sich ja völlig aufgelöst. König Fritz und Kion sollen probieren. – König Fritz nimmt einen Löffel voll. „Prr", sagt er, Kion auch: „Prr." Sie sagen zu der Frau: „Die Suppe schmeckt nicht diesmal." – Die Wirtin: „Oh, wo süll dat an liggen?" – „Nein, sie schmeckt so mürrisch." – Da geht ihr ein Licht auf. Sie sagt, sie hätte die Leberwurst verkocht, die ein Handwerksbursche von zwei Herren gekriegt hätte. – Kion stößt König Fritz an, gibt ihm einen leichten Stoß: „Hab' ich Ihnen das nicht gesagt, das gibt Malheur?" [59]

König Fritz und das hilfsbereite Mädchen

König Fritz ist einmal zusammen mit seinem Jäger bei großer Hitze durch ein fremdes Dorf gekommen. Er hat ziemlich großen Durst gehabt. Da sieht er dort eine Bauersfrau am Brunnen. Er sagt zu ihr, sie soll ihm mal etwas Wasser ans Pferd bringen, er hätte solchen Durst und sein Jäger und sein Pferd auch. – „Ick will di süss wat!" sagt sie. „Stieg du fuules Aas man aff! Wi möten uns ok allein wat hålen." Sie hat ja nicht gewusst, dass er der Alte Fritz war.

Er sagt nichts und reitet weiter, kann es aber vor Durst gar nicht mehr aushalten. Da sehen sie an einem andern Brunnen ein hübsches junges Mädchen, das ist ganz arm gewesen. Als der König ihr sagt, sie solle ihm etwas zu trinken geben, kommt sie gleich mit einem freundlichen Gesicht an und gibt ihm was und dem Jäger und seinem Pferd auch. Sie hat aber auch nicht gewusst, dass er der Alte Fritz ist.

Nach kurzer Zeit hat sie einen Brief vom Amt gekriegt: Der König habe ihr eine Bauern-stelle verschrieben, weil sie ihm den Durst gelöscht habe. Da ist sie ja obenauf gewesen und hat heiraten können. [60]

Der Alte Fritz und der kluge Bauernjunge

Es war einmal ein Bauer, der hatte einen Jungen, so im neunten oder zehnten Jahr, und da musste er, wie es auf dem Lande Brauch ist, die Gänse hüten.

Eines Morgens sagte der Vater zu ihm: „Junge, heute gib gut Acht auf deine Gänse! Der Alte Fritz zieht mit seinen Soldaten vorbei, und wenn du nicht aufpasst, treten sie dir die Tiere tot." – „Sei ohne Sorgen, Vater", antwortete der Junge, „ich werde meine Sache schon gut machen", und trieb die Güsseln (junge Gänschen) auf die Weide.

Es dauerte gar nicht lange, so kam der Alte Fritz angerückt; und hast du nicht gesehen, hatte der Junge so viel Güsseln, so viel Schlingen in die Peitschenschnur geschlagen. Dann steckte er durch jede Schlinge einen Kopf und hing all die jungen Gänschen an einem Weidenbaum auf. – „Junge", rief der Alte Fritz, „was hast du gemacht? Du hängst ja alle Güsseln auf!" – „Nicht so ängstlich", antwortete der Kleine, „von dem bisschen Hängen sterben sie nicht sogleich. Aber das möchtet Ihr wohl, dass Ihr die Tiere mit Euren Soldaten samt und sonders zu Tode tretet!"

Dem König gefiel der kecke Bursche, und er fragte: „Hat dein Vater noch mehr solche Jungen?" – „Nein, mich ganz allein", erwiderte der Junge, „aber eine Schwester ist noch zu Hause bei Vater und Mutter." – „Was macht denn dein Vater?" fragte der König weiter. – „Der verweist den Leuten den Weg", erhielt er zur Antwort. – „Junge, sprich doch vernünftig!" sagte der Alte Fritz. „Was soll das denn heißen: Er verweist den Leuten den Weg?" – „Ihr zankt, und ich spreche doch nur die lautere Wahrheit", erwiderte der Junge. „Vor unserm Hause liegt ein Stück Land, darauf will nimmer das Korn gedeihen. Denn die Leute gehen hinüber und herüber und zertreten uns die Saat. Da ist nun Vater dabei und zieht einen Graben um den Acker und verweist damit den Leuten den Weg."

Der Alte Fritz

Der Alte Fritz in seinen letzten Tagen

„Ach, so war's gemeint", sagte der König und wunderte sich über die Klugheit des Kindes. „Was macht aber deine Mutter?" – „Die steht am Backofen und backt aufgegessenes Brot." – „Nun schlägt's dreizehn", meinte der Alte Fritz, „das verstehe, wer's kann." – „So schwer ist's doch nicht", versetzte der Junge. „Wir haben schon vier Wochen lang von den Nachbarsleuten Brot geliehen, und was meine Mutter heute backt, ist alles aufgegessenes Brot. Davon bleibt kein Stückchen im Hause zurück."

„Junge, du hast recht, so klein wie du bist", rief der Alte Fritz verwundert. „Nun sag' mir auch noch: Was macht deine Schwester?" – „Die beweint, was sie im vorigen Jahre belacht hat", versetzte der Junge. – Das konnte der Alte Fritz erst recht nicht verstehen. „Junge", sprach er, „was ist das für ein närrisches Gerede?" – „Das ist doch nicht närrisch", antwortete der Junge, „das ist so wahr, als etwas wahr sein kann. Meine Schwester lachte vor einem Jahr, als sie einen Brautmann bekam. Nun sitzt sie an der Wiege und weint."

„Junge", rief der König, „du gefällst mir. Ich bin König Fritz, von dem dir dein Vater gesagt hat. Und hier hast du etwas, das bring ihm mit nach Hause!" Und damit zählte er ihm zehn Goldfüchse auf die flache Hand. – „Schönen Dank, König Fritz", antwortete der Junge. – „Dass du mich aber nicht verrätst, bevor du mich fünfzigmal wieder gesehen hast", sagte der König. – „Beileibe nicht", erwiderte der Junge und ließ den Alten Fritz stehen, hing die Peitschenschnur mit den Güsseln um den Hals und kehrte in seines Vaters Haus zurück.

„Junge, was hast du getan?" rief ihm der Bauer schon von weitem zu. „Die Güsseln sind ja alle erstickt!" – „Das mag wohl sein", sagte der Junge, zog die Schlingen auf, und richtig, nur zwei von den Tieren waren noch am Leben. „Daran ist nur der Alte Fritz schuld, Vater", fuhr er fort, „der hat sich so lange bei mir aufgehalten. Aber lasst es nur gut sein, die Gänse sind doppelt und dreifach bezahlt." Damit wies er seinem Vater die zehn Goldfüchse, die ihm der Alte Fritz geschenkt hatte. Da heiterte sich des Bauern Gesicht wieder auf, und er wünschte dem Alten Fritz Gottes Lohn vom Himmel.

Der war inzwischen nach Berlin zurückgeritten, und da er ein Spaßvogel war, so gab er am Abend, als die Herren vom Hofe um ihn versammelt waren, ein Rätsel auf und sprach: „Wer mir raten kann, was das heißt: Mein Vater verweist den Leuten den Weg, und meine Mutter backt aufgegessenes Brot, und meine Schwester beweint, was sie das Jahr zuvor belacht hat, der soll tausend Taler bekommen. Über drei Tage gebe ich ein Gastmahl, da werde ich nach der Auflösung fragen."

Nun war unter den Herren ein alter Hauptmann, dem ließen die Juden keine Ruhe weder bei Tag noch bei Nacht, und er hätte darum gar zu gern die tausend Taler erworben. Der erinnerte sich, dass der König lange Zeit mit dem Gänsejungen gesprochen hatte, und er dachte: „Der Junge wird's wohl wissen."

Er sattelte also sein Pferd und ritt auf das Dorf. „Junge", sprach er, als er den Kleinen erblickte, „was hast du mit dem König vorgehabt." – „Das darf ich dir nicht sagen", erwiderte der Junge. – „Ach nicht doch", sprach der Hauptmann, „wenn du's mir sagst, so schenke ich dir einen Taler." – „Einen Taler?" versetzte der Junge. „Nein, dafür ist mir mein Geheimnis nicht feil. Aber für fünfzig neugeschlagene preußische Taler will ich es sagen." – Dachte der Hauptmann: „Fünfzig Taler gegen tausend, das heißt immer noch ein Geschäft", zog den Beutel aus der Tasche und zählte dem Jungen die fünfzig Taler hin. Der strich das Geld ein und erzählte dem Hauptmann darauf haarklein, wie alles gekommen war.

„Junge", sagte der Bauer, als sein Sohn ihm die fünfzig Taler zeigte, „das Geld ist dein Unglück. Der Alte Fritz hat soeben einen Boten geschickt, dass du heut' über drei Tage bei ihm im Schlosse seist." – „Lasst nur, Vater", antwortete der Junge, „es wird schon alles gut ablaufen." Dem Alten schien die Sache nicht geheuer. Aber der Junge war lustig und vergnügt und wanderte sonder Scheu an dem dritten Tag auf das königliche Schloss.

Der Alte Fritz empfing ihn freundlich, und als es zum Mahle ging, setzte er den Jungen neben sich und fragte darauf: „Nun, wer von den Herren kann mir des Rätsels Lösung sagen?" – Da verstummten sie alle bis auf den alten verschuldeten Hauptmann, der sprach: „Der Vater zieht einen Graben um den Acker, damit verweist er den Leuten den Weg. Die Mutter hat seit vier Wochen Brot geliehen, darum backt sie aufgegessenes Brot. Die Schwester hat sich vor einem Jahr unter Lachen und Scherzen einen Brautmann gehalten, und nun sitzt sie an der Wiege und weint." – „Junge, das hast du ihm gesagt!" rief der Alte Fritz zornig. – „Das bestreite ich auch gar nicht", antwortete der Junge. – „Und ich habe dir doch befohlen", schalt der Alte Fritz, „du solltest mich nicht eher verraten, als bis du mich fünfzigmal gesehen hättest." – Sagte der Junge: „Das hab' ich treulich befolgt!" Und zählte dem König die fünfzig neugeschlagenen, blitzblanken Talerstücke auf den Tisch, Wappen unten, Bild oben. – „Der Schelm ist klüger als ich", sprach der Alte Fritz verwundert, „der darf mir nicht wieder vom Schlosse und soll einmal später ein General werden." Und so geschah es auch; des Bauern Sohn blieb in des Königs Schloss und wurde später ein berühmter Mann. ... (61)

Der Alte Fritz und der Schäferjunge

An der Madü hat der Alte Fritz verschiedene Dörfer aufgebaut: Friedrichstal und Schöningen, Raumersau und Giesental und noch ein paar. Nun will sich der Alte Fritz mal die neuen Dörfer ansehen. Das war im Sommer kurz vor der Ernte. Keiner hat gewusst, dass der Alte Fritz kommt, und keiner hat ihn gekannt.

Er fährt ja auch nur in einer ganz einfachen Kutsche und hat nur einen ganz einfachen blauen Soldatenrock an. So können ihn ja die Leute auch gar nicht kennen. Er besieht sich alles, und es gefällt ihm alles sehr gut.

Unterwegs holt er nun einen Jungen ein so von zehn, elf Jahren. Der hat einen Hängelpott in der Hand mit einem Deckel drauf. – Der Alte Fritz sagt nun zu dem Kutscher, er soll mal anhalten. Mein Musche Jung steht ja nun auch still.

Nun fragt ihn der Alte Fritz, wohin er will. – „Jo", sagt der Junge, sein Vater sei Schäfer und hüte da hinten an der Grenze, dem müsse er Mittag nachtragen. – Nun fragt ihn der Alte Fritz, ob das noch weit ist. – „I jo", sagt der Junge, „dat is noch een ganz Ind', un ick mutt mi spote, dat ick to rechtern Tiet ha kåm. Süsst gifft 't wat ruut." – Na, sagt der Alte Fritz, dann solle er man aufsteigen und mitfahren, er wolle da auch lang. – „Na jo."

Nun fahren sie los, und der Alte Fritz fragt ihn, was er da in seinem Pott hat. – „Nee", sagt der Junge, das sagt er ihm nicht, das muss er raten. – Der Alte Fritz fängt nun auch an zu raten: „Schweinebraten?" – „Nee", sagt der Junge, „höhjer rup." – „Hammelbraten?" – „Höhjer rup." – „Gänsebraten?" – „Ümmer höhjer rup." – „Na, was hast du da drin?" – „Eierkoke." Der Junge freut sich ja nun, dass der das nicht hat raten können.

Nun fahren sie weiter. Und mit einmal fragt ihn der Alte Fritz, ob er ihn kenne. – Der Junge besieht ihn nun von unten bis oben. „Nee", sagt der Junge, er kennt ihn nicht. Wer er denn sei? – Das müsse er raten, sagt der Alte Fritz. – „Büst du een Leutnant?" fragt der Junge. – „Nein", sagt der Alte Fritz, „höher rauf." – „Büst du een Hauptmann?" – „Höher rauf." – „Büst du da een Oberst?" – „Immer höher rauf." – „Dausend", denkt der Junge, „dat kann doch gor nich sinn. Büst du da een Generål?" – „Noch höher rauf." – „Dat is nich wohr", sagt der Junge. „Wer büst du da?" – „Ich bin der Alte Fritz." – Das kann der Junge gar nicht glauben.

Nun sind sie ja auch da, wo der Vater hütet. Der Junge springt vom Wagen herunter und rennt hin zu seinem Vater.

Als er ein Ende weg ist, ruft der Alte Fritz hinter ihm her, er solle nur ein bisschen warten. Er führe gleich wieder zurück, da könne er wieder mitkommen. – „Nee", ruft der Junge, „mit di föhr ick nich werrer. Du lüggst mi noch vör, du büst de liebe Gott." [62]

König Fritz verschenkt eine Uhr

König Fritz ist einmal mit seinem Adjutanten über Land gefahren. Wie sie nun beide so fahren, kommen sie zu einem Jungen ran, der da mit zwei Ochsen pflügt. Da sagt der König zu dem Adjutanten: „Nun wollen wir einmal dort bei dem Jungen anhalten. Ich will ihn einmal etwas fragen." – „Na, Majestät", sagt der Adjutant, „lassen Sie sich aber nicht zu sehr mit ihm ein. Die Jungen hier sind nicht aufs Maul gefallen." – „Das ist egal", meint der König.

Als nun der Junge mit dem Pflügen bis an den Wegrand kommt, lässt der Alte Fritz anhalten und sagt zu dem Jungen: „Wem gehört ihr drei Ochsen?" – „Twee gehören mienen Herrn, un den' drüdden kannst am Moors lecken", sagt der Junge. – „Donnerwetter", denkt der König, „mein Adjutant hat doch Recht."

Nun fahren die beiden wieder weiter, und nach einer Weile kommen sie wieder zu einem Jungen ran, der da auch pflügt. – „Junge, was ist die Uhr?" fragt der König diesmal. – „Dat

weet ick nich, ick heff keen Uhr." – „Na, wie weißt du dann, wann es Mittag ist?" – „Wenn ick
't erst Mål schieten mutt, da is 't Kleinmiddagstiet, un wenn mi 't tweet Mål schittert, da is 't
Middag."

Dies hat nun dem König so recht gefallen, dass der Junge so schlagfertig war. Er nimmt seine
Uhr aus der Tasche und sagt: „Da, Junge, diese Uhr schenke ich dir. Nun brauchst du dich nicht
mehr nach dem Schieten zu richten, nun kannst du immer nach der Uhr schauen." [63]

Der Alte Fritz und der Straßenjunge

Der Alte Fritz reiste einmal unerkannt durch Pommern, denn er hatte seine Offiziers-uniform
ausgezogen und seine Minister in Berlin gelassen. So kam er an einem Nachmittag auch durch
Neustettin.

Da sah er auf der Straße einen Jungen hocken, der spielte mit Pferdeäpfeln. Der König ließ
die Kutsche halten und begab sich zu dem Jungen. „Nun, Junge, was treibst du hier?" fragte
die Majestät. – „Ich spiele mit meinen Soldaten." – „Was soll denn das heißen, das sind doch
Pferdeäpfel!" – Da antwortete der Straßenjunge: „Der lange Pferdeapfel, das ist der General
Seydlitz, der braune da ist der General Zieten."– „Und wo steckt denn der König?" fragte
der Alte Fritz. – „So 'n mickrigen und krummen Pferdeapfel habe ich noch nicht gefunden",
antwortete eifrig der Neustettiner Junge. [64]

Umgang mit Offizieren und Ministern

König Fritz und der Leutnant Fliederborn

In Schlesien war einmal ein Leutnant namens Fliederborn. Der war ein mittelmäßiger Soldat, aber ein guter Dichter. König Fritz hatte auch schon von ihm gehört. Als wieder einmal Revue war, fragte er: „Wo ist der Leutnant Fliederborn?"

Man zeigte ihm den Leutnant, und der König ritt auf ihn zu: „Mache Er mir mal einen Vers!" – Der Leutnant besann sich nicht lange und sagte:

> „Gott sprach in seinem Zorn:
> ,Der Leutnant Fliederborn
> soll auf dieser Erden
> nie mehr als Leutnant werden!'"

„Da irrt Er sich aber", sagte der König. „Der liebe Gott hat aber nichts damit zu tun. Er ist Hauptmann! Mach Er mir noch einen Vers, aber zeige Er mehr Courage!" – Da sprach Fliederborn:

> „Der Zorn hat sich gewandt;
> Hauptmann bin ich genannt.
> Doch hätt' ich Equipage,
> hätt' ich noch mehr Courage."

„Equipage soll Er auch noch haben; aber nun lasse Er das Versemachen, sonst werde ich am Ende noch Leutnant und Er König." [(65)]

König Fritz und Rittmeister Klemm

Einmal nimmt Friedrich auf dem Tempelhofer Feld die Parade ab. Das klappt alles wie am Schnürchen, nur ein Rittmeister ist dabei, der kommandiert alles verkehrt. Fritz wird wütend, gibt seinem Condé die Sporen und will dem Rittmeister mit seinem Krückstock klarmachen, wie es richtig ist. Klemm sieht ihn kommen und reißt aus, und Fritz hinterher. Nun hat Klemm aber ein Pferd, da kann Fritzens alter Condé nicht mehr mit. König Fritz sieht ja ein, dass er ihn nicht kriegen wird, und kehrt um.

Die Parade ist zu Ende, und all die Offiziere werden zusammengerufen. Fritz steht in der Mitte, und alle Offiziere rund um ihn herum. – Ja, fängt Fritz nun an, er müsse ihnen sagen, dass er mit allen sehr zufrieden gewesen sei, bloß nicht mit dem Rittmeister Klemm. „Wie kann so ein Kerl bloß Rittmeister sein? Das ist gar nicht auszudenken." Und nun gibt es ein fürchterliches Donnerwetter.

Der Oberst hört sich das mit an. Als der König mit seinem Schimpfen zu Ende ist, fragt er ihn, ob er dazu einmal ein Wort sagen dürfe. – Der König erlaubt ihm das auch. – „Majestät", sagt der Oberst, „Rittmeister Klemm ist ein tüchtiger Offizier." Er legt sich für ihn mächtig ins Zeug. Er habe ja auch gesehen, dass Klemm alles verkehrt gemacht habe. Wie das aber sein könne, das wisse er sich nicht zu erklären. Das wäre ja klar, dass Klemm nach seinem Ausreißen vor dem König gehen müsste. Das könne aber jeder von all den anderen Offizieren bestätigen, dass der König einen von seinen besten Offizieren verlieren würde. Und das wäre schade; denn der Rittmeister hätte es noch zu etwas bringen können.

Was der Oberst gesagt hat, geht König Fritz doch immer im Kopf herum. Denn der Oberst würde sich nicht so für Klemm einsetzen, wenn das nicht so wäre.

Rittmeister Klemm ist nach Hause geritten. Er sitzt in seiner Stube und grübelt. Was nun? Er ist vor dem König ausgerissen, Offizier kann er nicht mehr bleiben. Er setzt sich an den Tisch und schreibt sein Abschiedsgesuch. Er kann das noch nicht begreifen, dass er so aufgeregt war und alles verkehrt gemacht hat. Na, das ist nun aber nicht mehr zu ändern. Er gibt seinem Burschen den Brief, und der muss damit rauf nach dem Schloss.

Am andern Morgen – Klemm hat ja seine Entlassung noch nicht – reitet er zum Dienst. Das dauert nicht lange, da kommt König Fritz angeritten. Klemm hin und meldet ihm seine Schwadron. – „Rittmeister Klemm", sagt Fritz, „Er ist von heute ab Major. Ich wollte es Ihm gestern schon sagen, aber Er ließ mich ja nicht herankommen." – Von Abschied ist nun nicht mehr die Rede.

Ja, so ist er auch wieder gewesen. Wenn er einen tüchtigen Offizier hatte, den ließ er nicht weg, wenn er auch mal eine Dummheit machte. [66]

Die Wette zwischen König und Feldmarschall

Der Alte Fritz saß einmal des Abends mit seinem Feldmarschall gemütlich beisammen. Sie sprachen von diesem und sprachen von jenem und kamen endlich auch auf die Schwatzhaftigkeit der Weiber. „Das mag schon recht sein", sagte der Alte Fritz, „dass sie zumeist den Mund nicht halten können; aber Ausnahmen gibt's denn doch! Ich wette zehntausend Taler, dass meine Frau ein Geheimnis, das sie zu wahren versprochen hat, auch hält." – „Und ich wette zehntausend Taler dagegen", erwiderte der Feldmarschall, „dass selbst meine allergnädigste Frau Königin nicht zu schweigen vermag."
Die Wette wurde durchgeschlagen, und der Feldmarschall verließ den König.

Am andern Morgen ging er Uhr acht oder neun, die Flinte auf dem Rücken, doch ohne Hund, vor das Tor, um nachzusinnen, wie er es anzufangen habe, die Wette zu gewinnen. Indem kam er bei einem See vorbei, aus dem eine Kette Enten aufstieg. Hast du nicht gesehen, hatte er das Gewehr von der Schulter. Er legte an, drückte ab, paff! ging der Schuss los, und der Erpel, der die Kette führte, stürzte in das Wasser. Wie aber jetzt ohne Hund den Vogel aus dem Wasser bekommen?

In seiner Not erblickte der Feldmarschall am Ufer ein Mädchen, das seine Gänse hütete. „Kind", sagte er und winkte es zu sich heran, „hier hast du einen Taler, steig in das Wasser und hol mir den Erpel heraus!" – Das Mädchen nahm den Taler, tat ohne viel Bedenken die Kleider von sich, ging in den See und brachte dem Feldmarschall den geschossenen Vogel.

Weil das Mädchen nun schön von Gestalt und alt genug an Jahren war, dass es heiraten konnte, sprach er zu ihm: „Komm morgen Abend zu mir in die Stadt, es soll dein Glück sein!" – Das Mädchen dankte ihm für den Taler und sagte ihm zu, dass es kommen werde.

Der Feldmarschall ging darauf in die Stadt zurück und wartete des Amtes, das er an des Königs Hof zu verwalten hatte. Dabei sah er jedoch immer nachdenklich und träumerisch vor sich hin, schlug sich auch öfter vor den Kopf, wie einer, den tiefe, schwere Gedanken beunruhigen.

Das sah die Königin, und neugierig fragte sie: „Was ist Euch, Feldmarschall? Ihr seht ja so trübselig aus?" – „O nichts, Frau Königin", erwiderte der schlaue Fuchs, „mir fehlt gar nichts." – Die Königin wurde dadurch nur um so neugieriger und drang in ihn, bis er ihr Rede stand. Doch musste sie ihm zuvor einen teuren Eid schwören, ja ihren Mund in der Sache zu halten. – „Frau Königin", so hub er an, „heute ist's mir sonderbar ergangen! Mein Hühnerhund hat's mir angetan; und wenn ich nicht gar so alt wäre, ich nähme ihn selbst zur Frau. So aber will ich ihn mit einem braven Soldaten verheiraten." – „Ihr werdet doch nicht solch große Sünde tun!" rief die Königin erschrocken. – Aber der Feldmarschall antwortete: „Daran ist jetzt nichts mehr zu ändern. Morgen Abend gebe ich ein großes Gastmahl, an dem alle unverheirateten Gefreiten, Fähnriche, Feldwebel, Wachtmeister, Hauptleute, Oberstwachtmeister und Obersten und wie sie noch heißen mögen, teilnehmen müssen, und einer von ihnen erhält meinen Hühnerhund zur Frau." – Die Königin versuchte noch einmal, ihn von seinem gottlosen Vorhaben abzubringen. Als aber all ihr Reden nichts half, kehrte sie dem Feldmarschall zornig den Rücken und ging davon.

Zwei ganze Stunden hielt sie es aus. Da ward ihr das Herz zu enge, und sie schüttete es ihrer Kammerjungfer aus, nachdem die ihr heilig versprochen, mit niemandem von des Feldmarschalls ruchlosem Plane zu sprechen.

Die Kammerjungfer hatte nun längst ihr Augenmerk auf einen Wachtmeister geworfen, fürchtete, des Feldmarschalls Hund möge ihr den Rang ablaufen, und nahm darum den Liebsten scharf ins Gebet, dass er sich ja nicht unterstehe, den Hühnerhund zu heiraten. – Der Wachtmeister erzählte es den Feldwebeln und Fähnrichen; die brachten es unter die Hauptleute, und von da kam die Geschichte vor die Oberstwachtmeister und Obersten.

Und das Ende vom Liede war: Als der Feldmarschall das Gastmahl gab, seine Stimme erhob und in Gegenwart des Königs sagte, er habe einen wunderschönen Hühnerhund, den würde er freien, wäre er nicht zu alt dazu, und darum wolle er ihn einem der Herren zur Frau geben, da sprachen alle einstimmig, sie dankten für die Ehre; möge er eine so große Sünde auf sein Gewissen nehmen, sie täten es nimmermehr. – Nur der Gefreite, der ganz unten an saß, war anderer Meinung. Er stand auf und sprach: „Was der Herr Feldmarschall für sich nicht zu schlecht hält, das wird für mich noch dreimal gut sein."

Kaum hatte er die Worte zu Ende gebracht, da öffnete der Feldmarschall die Türe, und das schöne Mädchen trat herein. Als die Herren die Jungfrau sahen, riefen die Obersten den Oberstwachtmeistern und die Oberstwachtmeister den Hauptleuten zu, was sie ihnen denn vorgeredet hätten, und die Hauptleute zankten auf die Fähnriche und die Fähnriche auf die Feldwebel und Wachtmeister, und diesen wieder musste der Liebste der Kammerjungfer herhalten. Der wollte sich nun rechtfertigen und berief sich auf seine Braut, und als diese hereingerufen war, beichtete sie, dass der Königin Reden sie so sehr in Angst gesetzt hätten, dass sie für ihren Bräutigam in Sorge gewesen sei.

Jetzt erzählte der Feldmarschall, wie alles gekommen war, und der Alte Fritz musste sich besiegt erklären und rief seinen Schatzmeister, dass er die zehntausend Taler bringe. Als der mit dem goldgefüllten Beutel hereintrat, schüttete der Feldmarschall die Dukaten der schönen Gänsemagd in den Schoß, und nun wurden die Feldwebel, Wachtmeister, Fähnriche, Hauptleute, Oberstwachtmeister und Obersten erst recht zornig, wie sie sahen, dass die Jungfer außer der Schönheit dem Gefreiten noch das viele Geld in die Ehe brachte.
Die aber heirateten sich und lebten glücklich und zufrieden ihr Leben lang. ... [67]

König Fritz, der Soldat und der Minister

Einmal hat König Fritz einen mächtigen Traum. Ihm träumt, da sagt einer zu ihm: „Stiehl, oder du musst sterben!" Er hat das ganz genau verstanden. Und so eine Angst hat er dabei gehabt, und so einen Schweiß hat er gekriegt. Das lässt ihm gar keine Ruhe, und am andern Morgen lässt er gleich seinen Hofprediger rufen und erzählt ihm den Traum. – Der Hofprediger sagt: „Träume sind Schäume. Auf Träume geb' ich nichts."

Na, in der nächsten Nacht träumt er das wieder, genau so wie in der ersten Nacht. Er erzählt das wieder dem Hofprediger. – „Majestät", sagt der nun, „das ist doch sonderbar." Wenn er es noch einmal träumen sollte, zum dritten Mal, dann könnte er ja auch stehlen. Das Geld dafür kann er ja nachher zehndoppelt wieder zurückgeben.

Und in der dritten Nacht träumt er noch einmal dasselbe, genau so wie die beiden ersten Male. Er lässt sich wieder den Hofprediger holen und sagt: „Wo soll ich nun stehlen?" – Na, sagt der Hofprediger, vor dem Tor sei eine Gärtnerei. Da könne er ja ein paar Kohlköpfe stehlen.

Na ja. Friedrich wartet bis zwölf Uhr in der Nacht, zieht sich einen alten Invalidenmantel an, dass ihn keiner kennt, und geht los, raus aus dem Tor und hin nach der Gärtnerei. Und gerade, als er so dabei ist beim Kohl stehlen, kommt ein Soldat und will sich auch ein paar Kohlköpfe holen.– „Mensch", sagt Friedrich zu ihm, „du als Soldat willst hier Kohl stehlen?" – „Jo", sagt der Soldat, „König Fritz gifft so wenig Traktmint, dat is to'm Lewen to wenig un to'm Starwen to veel. Morgen is Sunndag. Mien Gild is all. Kööpen kann ick mi nüscht, un borgen deet os keener wat. Hier dicht bie is noch een Scheperie, dor ward ick os noch 'ne Hâmel hâle. Da gifft dat morgen lange Kohl mit Hâmelfleesch. Da könne wi beid tohoop ete." – „Ist gut", sagt der Alte Fritz, „ich bin mit dabei. Ich bringe da noch einen guten Korn mit."

Nun laufen sie beide hin nach der Schäferei. Der Soldat greift sich gleich einen Hammel heraus, schneidet ihm den Hals ab und zieht ihn auch gleich ab. Und bei dem Abziehen holt der Alte Fritz eine Schere aus der Tasche und schneidet dem Soldaten beide Rockschöße ab, dass der Soldat das gar nicht merkt. Der Hammel wird in einen Sack gesteckt, und sie gehen beide ab, wieder hin nach der Stadt.

Als sie nun beide bei dem Haus des Ministers vorbeikommen, sind alle Fenster hell. – „Tausend", denkt der Alte Fritz, „alles hell mitten in der Nacht? Das hat was zu bedeuten." „Das ist doch sonderbar", sagt er, „dass die Leute noch auf sind. Was mag da bloß los sein? Das möchte ich doch zu gerne wissen." – „Och", sagt der Soldat, „dat könne wi os œwerföhre. Ich hål rasch von 't Gärtnerie een Ledder. Du klabberst rup, un ick hull de Ledder fast. Da kannst du alles belausche."

Na ja, so wird es gemacht. Der Soldat hält die Leiter, und der Alte Fritz klettert hinauf. Gerade als er hineinschaut, verabschiedet sich die Gesellschaft. Der Alte Fritz hört noch, wie der Minister sagt: „Also morgen um zwei Uhr ist Diner. Der König wird geladen und kriegt den ersten Platz. Auf jedem Platz steht ein Glas Wein mit einem Stück Zucker. Und auf den Platz des Königs kommt ein Glas Wein mit einem Stück Gift." – Nun weiß Fritz auch, was der Traum zu bedeuten hat: Stiehl, oder du musst sterben!

Der Alte Fritz klettert nun fix hinunter, und sie tragen die Leiter wieder hin nach der Gärtnerei und verabschieden sich beide.

Am andern Morgen ist schon ganz zeitig großer Alarm. Jeder Soldat muss raus, so rasch wie es geht. Dieser Soldat auch. Er will sich seinen Rock anziehen. Und nun sieht er, dass seine beiden Rockschöße abgeschnitten sind. „Wetter", sagt er, „dat is de Kerl west von gistern Åbend. So een verflixter Kerl!" Was hilft das aber alles, er muss man seinen Rock anziehen und raustreten.

Da kommt König Fritz auch schon an. Jedes Glied geht er durch und sucht seinen Kerl mit dem Rock ohne Schöße. Das dauert auch nicht lange, da hat er ihn. – „Kerl", sagt der König, „Er hat ja nur einen halben Rock an. Wo hat Er die Schöße gelassen?" – Der Soldat hat so einen Schreck gekriegt, dass er gar nicht reden kann. – „Sofort mitkommen!" sagt der König.

Sie gehen ja nun beide nach dem Schloss. Unterwegs kommt gerade der Minister an und läd't den König zum Diner ein. – Ja, sagt der König, er kommt.

Der Soldat wird im Schloss in eine Stube gebracht, und Fritz lässt ihm zu essen geben. Aber der Soldat rührt nichts an vor lauter Angst. Da kommt auch keiner, mit dem er sich bereden kann, was dies wohl zu bedeuten hat.

Punkt zwei kommt Fritz herein in voller Uniform mit all seinen Orden, die nur so blitzen und blinkern, und gibt dem Soldaten ein Gewehr mit sechs Kugeln. Eine muss er gleich laden.

Nun laufen sie beide hin nach dem Minister, der Soldat immer drei Schritte vorauf. Als sie bei der Gärtnerei vorbeikommen, denkt der Soldat: „Hier hest du gistern den Kohl ståhle." Und als sie bei der Schäferei vorbeikommen, denkt er: „Hier hest du den Håmel schlacht't. Ick dacht, ick wull hüüt schöne lange Kohl ete un Håmelfleesch, un nu ward ick am Ind' noch dot geschåte." – Nun geht der König mit ihm in das Haus hinein, wo sie gestern Abend die Leiter angestellt haben, die er noch hat halten müssen.

Als sie reinkommen, ist die ganze Gesellschaft versammelt. Sie kriegen alle einen Schreck, dass sich Fritz einen Posten mit Gewehr mitbringt. Da sind noch viel mehr geladen gewesen, lauter Generäle und so etwas, die ganze Stube voll. Jeder hat seinen Platz, und König Fritz den ersten. Und auf jedem Platz steht ein Glas Wein mit einem Stück Zucker. Und auf dem Platz des Königs steht ein Glas Wein mit einem Stück Gift.

„Majestät", sagt der Minister, „hier ist Ihr Glas." Und nun fordert er auf zum Trinken. – „Nein", sagt Fritz, „mein Glas trinkt Er aus! Ich habe heute ein besseres Mittagessen, Hammelfleisch und langen Kohl, dazu einen schieren Korn." – Nun geht dem Soldaten ein Licht auf. Nun weiß er mit einmal, mit wem er gestern Abend zusammen gewesen ist.

König Fritz hält dem Minister sein Glas hin. Der Minister wird kreidebleich und will nicht trinken. Er weiß doch, dass der Wein vergiftet ist. – „Posten", sagt der Alte Fritz, „schieß den Kerl nieder!" – Wenn sein König ihm das sagt, muss er es ja tun. Er legt an. – Da nimmt der Minister das Glas und trinkt alles aus. Und gleich fällt er um und ist tot. – Den Soldaten aber hat Fritz zum Unteroffizier gemacht. [68]

König Fritz und der rülpsende General

König Fritz geht einmal in seinem Park spazieren, und wie er da nun so entlangläuft, da fällt ihm der Posten auf, der dort Wache halten muss. Jedes Mal, wenn er ein Ende gelaufen ist und er dreht sich wieder um und geht retour, dann lässt er immer mächtig einen ziehen. Fritz, der denkt so bei sich: „Macht der Kerl das heute bloß so, oder kann er das immer machen? Dies käme mir gut zupass; den Kerl, den könntest du gebrauchen."

Er geht ja nun ran zu ihm un fragt ihn: „Mein Sohn, kannst du furzen, wann du willst?" – „Ja, Majestät, dat kann ick." - „Na, dann lauf doch mal noch einmal da lang und dreh dich um, und dann wollen wir doch mal sehen, ob du das wirklich kannst." – Der Posten macht das auch, und wie er sich umdreht, rums! reißt er einen ab. – „Gut", sagt der König, „gut, mein Sohn, pass mal auf, was ich dir nun sage! Morgen Mittag lade ich dich ein zu Gast. Da kommen nämlich noch mehr zum Mittagessen, das sind aber lauter Generäle, und da ist einer dabei, dem stößt das immer jedes Mal, wenn er etwas gegessen hat, so dämlich auf, und das ist so eklig und so schanierlich für meine anderen Gäste. Du musst nun gut aufpassen! Sowie dem das aufstößt, da lässt du ordentlich einen ziehen! Aber du bist dir doch deiner Sache auch gewiss?" – „Ja, Majestät, dat bin ick." – „Na, dann lass doch noch einmal einen ziehen!" – Rums! – „Gut", sagt Fritz, „stellst dich morgen Mittag ein!"

Andern Tages zu Mittag, als der Posten nun bei ihm ankommt, gibt ihm König Fritz erst andere Kleidung und weist ihm seinen Platz an unter dem Tisch, wo er sich hinsetzen soll. Das ist vor dem, dem es immer so aufstößt.

Als sie nun alle beim Essen sind, da fängt der eine alte General an, und das stößt ihm ganz mächtig auf. – Rums! – Die anderen Gäste, denen hat ja Fritz vorher Bescheid gesagt, die schauen sich ja bloß so ein bisschen an, sagen aber nichts. Der alte General sagt ja auch weiter nichts. Indem stößt es ihm aber wieder auf. – Und rums! kommt gleich wieder die Antwort von dem Posten. Nun wird das dem alten General doch zu grob. Er legt Messer und Gabel hin, schaut so hin nach dem König und sagt: „Ist das aber doch ein Schwein! So etwas am Tisch zu machen!" – Darauf sagt der König bloß: „Ein Furz unter dem Tisch ist mir lieber als ein Furz über dem Tisch." – Und da weiß ja der alte General, was los ist.

Und von der Zeit an hat es ihm auch nicht mehr aufgestoßen am Tisch. Und der Posten hat noch eine schöne Belohnung gekriegt vom König, dass er seine Sache so gut gemacht hat. [69]

Der Alte Fritz und Zieten bei Tisch

Der Alte Fritz wollte einmal sehen, wie sich der alte Zieten helfen würde, und befahl, es solle ihm kein Löffel zur Suppe hingelegt werden. Als sie nun bei Tische saßen und die Suppe aufgetragen wurde, sagte er zu Zieten, der ihm gegenübersaß: „Nun lange Er zu, aber ein Hundsfott, wer heute nicht alles aufisst." – Zieten tat, als merke er die Absicht nicht, ihn in Verlegenheit zu setzen, sondern schnitt sich ruhig einen Löffel aus einem Kanten Brot, den er aushöhlte, und aß damit seine Suppe. Wie er fertig war, sah er sich lächelnd bei Tische um und sagte: „Mit der Suppe wären wir fertig; aber nun, meine Herren, ein Hundsfott, wer nicht seinen Löffel isst." – Und damit aß er ruhig den seinigen auf. [70]

Der Alte Fritz, Zieten und die Wurst vom Schlachtfest

König Fritz ist einmal bei einem Bauern zum Schlachtfest eingeladen. Er hat aber nicht allein hinfahren wollen und sagt zu Zieten: „Kannst ja mitkommen." – „Nein", sagt Zieten, „ich habe heute keine Zeit, fahr du nur allein hin! Kannst mir ja aber ein Ende Wurst mitbringen." – „Na ja", sagt der König und fährt los.

Zieten denkt aber: „Warte mal! Willst doch mal sehen, ob der Alte auch Angst hat. Willst ihn doch einmal ängstigen, wenn er in der Nacht zurückkommt."

Als Fritz nun wieder von dem Schlachtfest zurückkommt, da muss er durch so ein kleines Kieferngehölz. Zieten hat sich verkleidet und stellt sich da nun so ein bisschen abseits in den Kiefern hin und passt auf, bis der König wieder angefahren kommt. Wie der nun heran ist bei ihm, da tritt Zieten hervor, geht an den Wagen heran und ruft: „Halt! Geld oder das

Leben!" – Fritz stutzt ja erst ein bisschen, denkt aber auch gleich an das Ende Wurst, fasst sich in die Seitentasche, nimmt das Ende Wurst heraus und legt auf den ‚Räuber' an, als wenn er schießen will. Dieser kriegt ja auch einen kleinen Schreck, springt zur Seite ins Gehölz, und weg ist er.

Der Alte Fritz fährt ruhig seinen Weg weiter, und es dauert nicht lange, da kommt er in ein Dorf und fährt heran an eine Gastwirtschaft. Hier steigt er ja auch ab und geht hinein.

Nun waren da noch mehr Leute drin, und er erzählt ihnen, was ihm unterwegs passiert ist. Indem ist Zieten nun auch heran und kommt auch hinein in den Krug. Er geht aber in eine Nebenstube und hört ja nun durch die Türe, was der König erzählt. Er hört gerade, dass der sagt: „Denkt bloß mal an, wie ich da durch ein Kieferngehölz fahre, springt einer heraus und ruft: ‚Geld oder Leben!' Ich meine Wurst aus der Tasche und tue so, als wenn ich auf ihn schießen will. Da springt er rasch zur Seite, und weg ist er."

Als Zieten dies hört, lacht er ein bisschen in sich hinein und denkt: „Warte, du kommst mir ja noch einmal." Er bezahlt fix seine Zeche und geht wieder voraus.

Der König bricht ja nun auch bald auf. Als er ein Ende gefahren ist, lauert Zieten ihm wieder auf. Er hat sich einen großen Knüppel genommen, und als der König heran ist, springt der 'Räuber' vor an die Pferde und will die anhalten: „Geld oder Leben!"

Fritz kommt die Sache diesmal doch so verdächtig vor: „Ob das nicht der alte Zieten ist?" Er schlägt den Pferden über den Nacken und jagt los, dass er den ‚Räuber' beinahe überfährt.

Am andern Tag kommt ja Zieten zu Fritz hin und fragt ihn: „Na, wie war das denn nun dort auf dem Schlachtfest? Hast du mir nun auch ein Ende Wurst mitgebracht?" – „Ja", sagt der König, geht ins Nebenzimmer hinein, kommt an mit dem Ende Wurst und sagt zu Zieten: „Hier hast du sie! Sieh dich aber vor; die ist noch geladen von gestern Abend." – Da wussten sie ja nun alle beide Bescheid und haben sich halb totgelacht. [71]

Der Alte Fritz und Zieten unterhielten sich eines Tages vom Stehlen. Der Alte Fritz meinte, ihm könne ein Dieb so leicht nichts wegnehmen. – Zieten dagegen behauptete, er sei imstande, dem König alles zu stehlen, was dieser ihm auftrage. – Da sagte der Alte Fritz: „Nun gut, dann stiehl mir über Nacht meinen Apfelschimmel aus dem Stall!" – Zieten sagte es zu.

Der König aber gab Befehl, dass der Schimmel aufs sorgfältigste bewacht werde: Zwei Mann sollten neben dem Schimmel Posten stehen, und ein dritter sollte sich auf den Schimmel setzen.

Zieten aber verkleidete sich in ein altes Bettelweib und ging, als es dunkel geworden war, schwerfällig humpelnd und mit einem Deckelkorb am Arm zum Stall und bat die Leute mit kläglichen Worten, ihr zu gestatten, dass sie einen Augenblick eintrete und Atem schöpfe.

Die Leute bewilligten es arglos. Die Alte war ganz gesprächig und bei guter Laune, und bald holte sie aus dem Korbe eine Flasche mit Kümmel und bot sie den Leuten zum Trinken an. Die tranken auch ganz gerne und ließen die Flasche mehrmals von Mund zu Mund im Kreise herumgehen. Da aber dem Kümmel ein Schlafmittel beigemischt war, so machte sich die Wirkung bald bemerkbar. Die drei Leute, die den Apfelschimmel bewachen sollten, schliefen ein, und nun zog Zieten den Schimmel aus dem Stall und ritt mit ihm davon.

Der Alte Fritz war in hohem Grade aufgebracht, als ihm am nächsten Morgen gemeldet wurde, dass sein Schimmel über Nacht abhanden gekommen sei. Aber noch mehr ärgerte er sich, als Zieten gegen Mittag mit dem Schimmel angeritten kam und sich beim König meldete.

Der Alte Fritz machte gute Miene zum bösen Spiel und sagte, öfter als einmal werde es Zieten aber sicher nicht gelingen, ihn zu bestehlen. – Zieten aber war bereit, den Gegenbeweis anzutreten. – Darauf erwiderte der König: „So magst du mir meinen großen Siegelring vom Finger stehlen!"

Am Abend übergab der Alte Fritz seinen Siegelring der Königin und bat sie, den Ring in Verwahrung zu nehmen und niemand als ihm selber zurückzugeben, was die Königin auch feierlich versprach. Dann gingen beide zu Bette.

Inzwischen war Zieten vor die Stadt gegangen und holte sich von dem dort stehenden Galgen den zuletzt Gehängten herunter. Mit dem Gehängten begab er sich zur Stadt zurück, ging zum Schloss und ließ den Gehängten in das Fenster des Zimmers sehen, in welchem das Königspaar schlief. Der König erwachte von dem Geräusch, und da er meinte, dass Zieten da wäre, um den Diebstahl auszuführen, schoss er auf den Mann, der ins Fenster sah. Alsbald ließ Zieten den Körper des Gehängten auf die Erde fallen und eilte um die nächste Ecke, um zu sehen, was weiter passieren würde.

Der König öffnete das Fenster und spähte nach unten, um sich zu vergewissern, ob er getroffen habe. Da er merkte, dass der Mensch, der da unten lag, tot war, zog er sich an und holte einen Spaten und schleppte den Leichnam in den Garten, um ihn dort zu beerdigen. Denn es hätte doch einen schlechten Eindruck gemacht, wenn am nächsten Tage erzählt worden wäre, der König habe in der Nacht einen Menschen erschossen.

Jetzt war für Zieten der rechte Zeitpunkt gekommen. Er begab sich in das Schlafzimmer des Königs und sagte mit verstellter Stimme zur Königin: „Gib mir schnell den Siegelring her! In meiner Hand ist er doch wohl sicherer." Die Königin gab den Ring, und Zieten machte sich eiligst von dannen, um nicht von dem Könige überrascht zu werden.

Am andern Tage brachte Zieten dem König den Ring zurück. – Der König musste eingestehen, dass er zum zweiten Male übertölpelt worden sei und dass Zieten die Sache mit großer Klugheit durchgeführt habe. – Ziethen war bereit, dem Könige noch einen dritten Beweis für die Richtigkeit seiner Behauptung zu geben. Aber der Alte Fritz verzichtete. [72]

Bei den Soldaten

König Fritz, der große Schäfer und seine Braut

Früher war das nicht so wie heute. Da wurden die Soldaten nicht gezogen. König Fritz musste zusehen, wo er sie alle herkriegte. In alle Länder schickte er seine Leute, die ihm welche heranholen mussten. Und für jeden erhielten sie ihren Lohn. Und wenn sie einmal einen langen Kerl zu fassen bekamen, da verdienten sie ein schönes Stück Geld. Wo sie einen langen Kerl aufstöbern konnten, da waren sie hinter ihm her wie der Teufel hinter den Juden. Da war es ihnen ganz egal, wie sie den Kerl nach Berlin brachten.

Nun kamen auch einmal ein paar von ihnen in ein Dorf hinein, nicht weit ab von der Oder. Da war ein Schäfer, der maß mindestens seine sieben Fuß, das sind über zwei Meter. Und auf den hatten sie es abgesehen. Aber sie konnten ihm versprechen, was sie wollten, der Schäfer ließ sich nicht rumkriegen. – „Nee", sagte der Schäfer, „Saldåt will ick nich warde un ward ick uck nich. Ick bliew leewer Scheper. So dœmlich schüll ick sinn un mi von so 'ne Unteroffiziere dœmlich kåme låte! Dor hebb ick dat bie mien Schåp doch veel besser."

„Na", dachten sie nun, „wenn du nich freiwillig willst, da geht dat eben mit Gewalt. Åber kriegen don wi di doch."

Nun war das früher so, dass die Schäfer abends nicht mit ihren Schafen nach Hause zogen. Die Schafe kamen in eine Hürde, und der Schäfer hatte in einer Karre mit zwei Rädern sein Bett und schlief auch bei den Schafen auf dem Feld.

In einer Nacht wollen sie ihn nun fangen. Die Agenten kommen heran, und damit sich die Hunde nicht melden, schmeißen sie ihnen ein großes Stück Fleisch hin. Die haben ja nun mit ihrem Fleisch zu tun und reißen das Maul nicht auf. Und die Agenten nun rasch an die Karre, binden die Türe zu, dass er nicht heraus kann, und ziehen mit ihm ab. Zwei Mann ziehen vorn, und der dritte muss hinten schieben.

Von dem Gerüttel wird der Schäfer munter. Es ist Mondschein, und durch die Ritzen kann er durchblicken. Nun weiß er gleich, was mit ihm passiert: Sie wollen mit ihm nach der Oder hinunter und ihn dort auf einen Kahn bringen. – „Nu ward 't dœmlich", denkt der Schäfer. „Wenn bloß de Hinnerste nich schruwen deer, da nehmst du de Bohlen unnen up un leetst di sacht up 't Erd falle. Un se daaren dat nich gewohr warde. Du alleen gegen de dree Kerls kannst uck nüscht utrichte."

Und er hat noch Glück. Das ist nun gar nicht mehr weit ab von der Oder. Der Weg ist sehr sandig, und die beiden Vordersten müssen mächtig ziehen. Und weil das so schwer geht, denken sie, der Hinterste schiebe nicht, und sie beide müssten sich allein abmarachen. Sie kriegten nun das Schimpfen: „Kumm uck man nah vör un help os hier trecken! Wenn du dor hinner orndlich schruwen deerst, da künn 't nich so schwor gåhne. Kumm du uck man nah vör!" – Er geht ja auch hin. Sie sind sich ja so sicher, dass der Schäfer nicht ausreißen kann. Und nun haben sie es ja auch gleich geschafft.

Hierauf hat der Schäfer gerade gewartet, und dies nutzt er aus. Er nimmt die Bohlen auf und lässt sich sacht herunter und geht wieder hin zu seinen Schafen.

„Sühst du", sagen nun die beiden, „nu geht dat veel leichter. Dat is åber nich recht von di, dat du os lettst alleen schufte." – Endlich sind sie ja an der Oder und bringen die Karre auf den Kahn und stoßen ab vom Ufer.

„Na", sagt der eine, „nu kann de Scheper nich mehr weg, nu will wi 'n man ut sien Gefängnis erlöse." Er macht die Türe auf, und da sieht er die Bescherung: Das Nest ist leer, und der Vogel ist ausgeflogen. Nun ist ihnen mit einmal klar, warum das mit einmal so leicht ging. Da hilft aber alles Schimpfen und Fluchen nichts. Dieses Mal ist ihnen der Lohn an der Nase vorbeigegangen.

Aber aufgegeben haben sie das Geschäft doch noch nicht; der Schäfer sticht ihnen immer noch mächtig in die Nase. Nun geht es zum Winter. Ein Agent, den der Schäfer nicht kennt, lässt sich im Dorf als Tischler nieder. Er kann mächtig vom Krieg erzählen. Und es dauert gar nicht lange, da hat er alle Abend die Werkstatt voll von lauter jungen Leuten. Dies kommt auch dem Schäfer zu Ohren, dass der Tischler so toll erzählen kann, und er hört so etwas gern. Zeit hat er ja genug. Hüten braucht er nicht, die Schafe sind im Stall, und so geht er auch hin und ist jeden Abend dort ständiger Gast.

Eines Abends, als der Tischler mitten in seinem Erzählen ist, klopft etwas an die Türe, und der Tischler ruft: „Herein!" – Und da kommt ein Mann herein und bestellt einen Sarg. Er gibt an, sein Vater ist gestorben. – Nun fragt ihn der Tischler, wie groß der Sarg sein müsste. – „Jo", sagt der Mann, „mien Våter was grot, so grot wie de Mann dor." Und damit zeigt er mit dem Finger nach dem langen Schäfer hin. Aber am nächsten Abend muss der Sarg fertig sein, sagt der Mann, dann holt er ihn sich ab. – Ja, sagt der Tischler, da kann er sich drauf verlassen, der Sarg ist fertig.

Der Tischler hat den andern Tag tüchtig zu tun, aber am Abend ist er so weit. Nun kann der Mann kommen.

Am andern Abend hat er nicht viel Besuch, bloß der Schäfer ist da. Punkt acht kommt der Mann mit dem Fuhrwerk vorgefahren und will sich den Sarg abholen. Er kommt herein in die Werkstatt, besieht sich den Sarg und sagt: „Dat Sarg kann ick nich bruuke, dat is to kort." – „Nee", sagt der Tischler, „dat is nich to kort. Se hebben mi seggt, ick schall 't so grot måken wie disse Mann hier" – und damit zeigt er auf den Schäfer –, „un ick hebb 't reichlich måkt." – „Dat is nich wohr", sagt der Mann, „ick gåh jede Wett drup in, dat diss Mann dor nich rinpasst." – Sie streiten sich gewaltig, und keiner gibt dem andern Recht.

„Na", sagt der Schäfer, „de Striejerie mutt een Ind' kriege." Er zieht sich seinen Rock aus und legt sich hinein. Und knapp, dass er darin liegt, schmeißen die beiden den Deckel drauf und schrauben ihn zu. Und damit er ihnen nicht erstickt, bohren sie ein paar Luftlöcher hinein. Nun mit ihm auf den Wagen und hin zu König Fritz.

Als sie nun hinkommen nach Berlin, sieht der König dies. Das war ihm doch nicht bewusst, dass seine Agenten so etwas machen und einen lebendigen Menschen im Sarg bringen würden. – „Hört mal, Kerls", sagt König Fritz, „das gefällt mir ganz und gar nicht, dass ihr so etwas macht." – „Jo, Majestät", sagen die beiden Männer, „dat güng nich anners. De Kerl hett os veel Wunner måkt." Sie müssen ihm nun alles erzählen, was sie mit dem Kerl aufgestellt haben. – Nun sieht König Fritz auch ein, dass das wirklich nicht anders gegangen wäre. „Na", sagt der König, „dann wollen wir uns doch einmal den Kerl anschauen."

Der Deckel wird abgeschraubt, und mein Schäfer krabbelt heraus und stellt sich vor den König hin.

Fritz macht aber Augen. Er ist ja dagegen nur ein kleiner Hampelmann. „Donnerwettstock", sagt er, „der Kerl ist ja noch einen halben Kopf größer als der Flügelmann." So einen langen Kerl hat er noch nicht gehabt. „Mein Sohn", sagt er zu ihm, „du sollst das gut haben bei mir. Ich werde für dich sorgen."

Der Schäfer wird eingekleidet und wird auch ein tüchtiger Soldat. Und Friedrich hat stets ein Auge auf ihn und fragt dann und wann, wie es ihm gefiele. – Und dem langen Schäfer gefällt es recht gut.

Nach Jahr und Tag sorgt Fritz auch dafür, dass seine langen Kerls eine Frau kriegen. Er sucht für jeden ein extra großes Mädchen aus, damit die Großen nicht alle werden. Und sein Hofprediger hat Anweisung, wenn ein Mädchen mit einem Brief von ihm käme, dann müsse er das so lange dort behalten, bis er den passenden Kerl schicke. Und sofort müsse er die beiden trauen. Und wenn sie getraut seien, müsse er das junge Paar zu ihm hinschicken.

Der Schäfer hat sich schon gut als Soldat eingelebt. Der Dienst fällt ihm nicht schwer, und er hat alles, was er braucht. Der König ist gut zu ihm, und auch sonst geht es ihm ganz gut. Er hat sich auch schon eine Braut angeschafft, ein kleines niedliches Mädchen.

Eines guten Tages geht König Fritz die Straße entlang und sieht vor einem Schaufenster ein mächtig großes Mädchen. „Tausend", denkt er, „das ist die richtige Frau für meinen langen Schäfer." Er geht zu ihr ran und sagt: „Meine Tochter", sagt er, „du könntest mir wohl einen Gefallen tun. Hier ist ein Brief, den trag' mal rasch hin zu meinem Priester, der wohnt da und da, und dieser Friedrichsdor gehört dir."

Das Mädchen freut sich über den Friedrichsdor, geht auch los und will den Brief abgeben. Nun muss sie aber einen mächtigen Umweg machen; ihre Herrschaft wohnt in einer ganz andern Straße. Zufällig begegnet ihr ihre Freundin. Sie haben sich eines Sonntags beim Tanzen kennen gelernt. Und diese Freundin ist gerade die Braut von dem langen Schäfer, ein kleines niedliches Mädchen.

„Wettst du", sagt das Mädchen, „dat trefft sich schier. De König hett mi dissen Breef gewt, den schall ick bie dem Preester dor un dor affgewe. Un dat is een groter Ümweg för mi, un du kümmst sowieso bie sien Dör vörbie. Du künnst mi den Gefalle don un gewen den Breef dor aff. Di möcht dat doch nüscht ut." – Von ihrem Friedrichsdor sagt sie aber nichts.

Die Freundin nimmt auch den Brief und geht damit zu dem Priester hin. Der Priester bricht den Brief auf und liest: „Überbringerin ist sofort mit dem und dem Grenadier zu trauen." – Sie hat nun ihre Schuldigkeit getan und will gleich wieder los. – „Nein", sagt der Priester, „so geht das nicht. Du musst noch ein bisschen warten." – „Wat schall ick da nu noch?" fragt sie nun. – „Ja", sagt er, „das wirst du gleich erfahren."

Das dauert gar nicht mehr lange, kommt mein Schäfer herein mit noch zwei Kerlen. Das Mädchen kümmert sich aber weiter nicht darum, wer dort hereingekommen ist. Der Priester nimmt den Schäfer in Empfang und sagt: „Auf ausdrücklichen Befehl des Königs habe ich euch beide sofort zu trauen!"

Nun fängt das Mädchen an zu weinen. Dieses Malheur! Sie hat doch ihren Brautmann. Und ohne dass sie aufschaut, nimmt sie ihre Schürze vor die Augen und weint und weint, dass der Grenadier sie nicht sieht und sie ihn auch nicht.

Der Priester traut sie nun beide, und sie nimmt die Schürze von den Augen weg, dass sie sich beide anblicken. Das ist nun eine Freude! – „Jo", sagt er, „mien König is doch got to mi. Wo hett he dat bloß werrer ruutkreege, dat wi beid' Bruutschaft hebben?"

Am andern Tag gehen sie beide freundlich und froh hin zu König Fritz und stellen sich ihm vor. – Wie der König dieses kleine Mädchen zu sehen kriegt, will er in Ohnmacht fallen. Wie konnte bloß wieder so etwas sein? „Mein Sohn", sagt er, „das habe ich nicht gewollt. So einen Zwerg wollte ich dir nicht antrauen lassen. Ich hatte dir ein viel größeres Mädchen ausgesucht. Wie ist dieses Unglück bloß wieder zustande gekommen?" – Ja, sie hätte dem Priester den Brief gebracht, den ihr ein Mädchen auf der Straße gegeben hätte. Und der Priester hätte sie beide getraut, ohne viel zu fragen. – „So ein dämlicher Priester", wettert Fritz nun los, „der müsste doch wissen, dass ich dir nicht so ein kleines Mädchen zur Frau geben würde. Dies hab' ich dir nicht antun wollen. Wenn du willst, wirst du sofort geschieden." – „Nee", sagt der Schäfer, „Majestät, ick hebb all so veel dörchmåkt, ick ward uck dit noch dråge." – Er musste sich ja so stellen, aber innerlich hat er sich sehr gefreut. (73)

Zur Zeit, als der Alte Fritz regierte, lebte einmal ein Kaufmann, der hatte nur eine einzige Tochter, und die hatte sich einen Grenadier zum Brautmann genommen. Da kam ein Student, der ein Prediger werden wollte, und hielt bei dem Alten um das Mädchen an, und er sagte sie ihm auch zu. Das machte dem Grenadier großen Kummer, und als der Tag da war, an dem der Student seine Braut zur Trau führen sollte, musste er noch obendrein Schildwacht stehen. Da nahm er ein Stück Kohle und schrieb an das Schilderhaus: „Zum Verdruss."

Wie er das geschrieben hatte, es war aber des Morgens um drei oder vier, kam ein Mann des Weges daher, und das war kein anderer als der Alte Fritz. Der Grenadier aber erkannte ihn nicht. – „Schildwache", sagte der König, „warum hat Er das da an das Schilderhaus geschrieben?" – „Ach, lieber Herr", gab ihm der Grenadier zur Antwort, „so und so ist's mir ergangen." Und damit erzählte er ihm haarklein, wie alles gekommen war. Zwei Jahre lang wäre das Mädchen seine Braut gewesen; nun habe sie heute Hochzeit mit dem Studenten. – „Ja, so geht's in der Welt!" sagte der Alte Fritz und ging weiter.

Als der Grenadier abgelöst war vom Posten, sprach der Wachhabende zu ihm: „Was hast du getan? Du bist zum König befohlen." – „Du mein Gott, er hat es herausbekommen, dass ich die Worte an das Schilderhaus geschrieben habe", dachte der Soldat bei sich, und es ward ihm himmelangst über dem Gedanken, denn es war schwere Strafe darauf gesetzt von dem König. Aber lange Zeit blieb ihm nicht übrig zum Besinnen, und ehe er's sich versah, stand er schon vor dem Alten Fritz. – „Mein Sohn", sprach der ganz freundlich, „ich bin heute Mittag zu Tische gebeten zu dem Kaufmann, der seine Tochter mit dem Studenten verheiratet, da sollst du mit mir gehen, als meine Ordonnanz." Dem Grenadier war nicht wohl zumute bei diesen Worten; aber der König hatte es befohlen, und er musste gehorchen. Doch hätte er sich viel lieber hundert Klafter tief unter die Erde gewünscht.

Um die Mittagszeit gingen sie vom Schlosse herab, der König vorne an und der Grenadier drei Schritt hinter ihm her, wie es sich für eine Ordonnanz gebührt. Als sie bei dem Hause des Kaufmanns angelangt waren, ließ sich der König auf dem Stuhle nieder, der obenan gestellt war, und der Grenadier trat hinter ihn.

Während des Essens sprach der Alte Fritz von diesem und sprach von jenem. Endlich fragte er auch den Bräutigam, welche Hantierung er betriebe. – „Ich bin ein Student", sagte er, „und will Prediger werden." – „Kann Er denn aber auch schon einer Pfarre vorstehen?" fragte der Alte Fritz. – „Jederzeit zu Diensten", sagte der Bräutigam. – „Kann Er denn schon predigen?" fragte der Alte Fritz weiter. – „Jederzeit zu Diensten", sagte der Bräutigam. – „Kann Er denn auch schon eine Traurede halten?" – „Jederzeit zu Diensten." – „Nun, das möchte ich wohl einmal hören", sprach der Alte Fritz. „Stelle Er sich dort auf den Stuhl! Mein Grenadier nimmt seine Braut, und Er hält die Traurede!" – Der Student dachte, der König wolle ihn predigen hören, um ihm hernach eine gute Pfarre zu geben, und eins fix drei hatte er den Talar an und die Beffchen um und hielt eine Traurede.

Als es zum Ringe wechseln kam, wollte der Student aufhören. – „Nein, immer weiter", sagte der Alte Fritz, und die Ringe wurden gewechselt. – Und der Student sprach: „Was Gott zusammen gefügt, das soll der Mensch nicht scheiden." – „Und die Pfaffen auch nicht!" fiel ihm der Alte Fritz hastig ins Wort. „Und jetzt ist's genug mit der Predigt. Ihr beide seid Mann und Frau und bleibt's bis an euer seliges Ende."

Den Kaufmann kam das sauer an, aber er musste schweigen, da es der König so befohlen hatte. Der aber nahm das Glas und trank dem Grenadier zu, das erste Mal als Feldwebel und das zweite Mal als Leutnant und dann gar als Hauptmann. Zu dem Studenten aber sprach er: „Schäme Er sich, einem alten Soldaten seine Braut abspenstig zu machen, ehe Er eine Pfarre hat. Und wenn Er eine hat, so soll Er's erst recht nicht tun." – Und das war recht von dem Alten Fritz, dass er so gesprochen hat.

Das Mädchen aber freute sich, dass es statt einer Predigersfrau eine Militärfrau geworden war, und sie lebte noch viele Jahre mit ihrem Manne vergnügt und in Frieden. ... [74]

Jeder Pulverschuppen steht meist ganz allein, weit weg von allen Gebäuden. Der Posten, der dort steht, muss nur Obacht geben, dass kein Fuhrwerk im Trab vorbeifährt. Denn wenn ein Wagen dort so fährt, dass alles zittert und bebt, dann geht der Schuppen in die Luft. Aber meist ist es ja ruhig. Er liegt auch schon immer in so einer Gegend, wo nicht viel Verkehr ist.

Einmal steht da auch ein Posten mitten im Sommer. Die Sonne brennt so heiß, und er wird in der prallen Sonne so müde, dass er kaum noch stehen kann. „Ach", denkt er, „kåmen deet in diss Hitt doch keener, vör dem ick Honnör mutt måken, un Wågens kåmen uck nich vörbie. De Buure sind alle im Aust. Is ganz egål, du treckst di ut un bådst di in dem Pohl dicht bie. Da ward di werrer anners." Das geht auch los. Er zieht sich aus und springt in's Wasser. Und wie das Unglück sein soll: Gerade wie er badet, wer kommt an? König Fritz. – „Nu ward 't Essig", denkt er. „Wat möckst du bloß?" Zum Anziehen hat er keine Zeit mehr, und seine Honneurs muss er machen. Er springt raus aus dem Wasser, schnallt sich um, nimmt sein Gewehr und präsentiert.

König Fritz geht vorbei, dankt und geht weiter, sofort hin nach der Wache. Dort sagt er zu dem Offizier, Posten Nummer drei solle um zwölf zu ihm auf's Schloss kommen. Er sagt aber auch hier weiter nichts, was der Posten gemacht hat.

Der Offizier lässt sofort den Posten ablösen, und der Soldat kommt hin nach der Wache. Dort sagt ihm der Offizier, was der König ihm aufgetragen hat. – Nun wird der Posten kreidebleich. – „Mann", sagt der Offizier, „was ist da los? Was fehlt dir bloß?" – „Jo", sagt er, „ick hebb miene Posten verlåte un hebb mi båd't. Un geråd kümmt de König an." – „Na", sagt der Offizier, „dann friss man auch aus, was du dir eingebrockt hast. Wie kannst du auch bloß deinen Posten verlassen? Und du weißt ja, in solchen Sachen lässt der König nicht mit sich spaßen. Du kannst dich auf alles gefasst machen."

Nun wird seine Angst immer noch größer. Und mit seinen Befürchtungen geht er nun rauf nach dem Schloss. Ein Diener lässt ihn in eine Stube rein und bringt ihm Mittag. Aber vor Angst schmeckt ihm nichts; er rührt nichts an.

Punkt eins, als König Fritz mit all den hohen Herren bei der Tafel sitzt, kriegt er den Befehl, er soll reinkommen. Er risse am liebsten aus; aber Befehl ist Befehl. Er setzt seine alte Blechmütze auf, nimmt sein Gewehr und geht rein wie ein strammer Grenadier. An der Türe bleibt er stehen, reißt sein Gewehr von der Schulter und präsentiert. – „So, mein Sohn", sagt Fritz, „nun komm noch einmal herein, und dann präsentierst du genau so wie am Pulverschuppen!"

Was soll er nun machen? Das ist ihm sehr schanierlich. Aber er muss sich ausziehen und seine Patronentasche umschnallen. Nun geht er wieder ganz nackt hinein und präsentiert, wie er am Pulverschuppen präsentiert hat. Alles kriegt das Lachen, und der alte Zieten lacht so sehr, dass er sich den Bauch halten muss.

König Fritz sagt: „Das ist nichts zum Lachen. Genau so hat der Kerl vor dem Pulverschuppen präsentiert, als ich vorbeigekommen bin. Er hatte seinen Posten verlassen und hat sich gebadet. Anziehen konnte er sich nicht mehr, und nun musste er so präsentieren. Was meinen die Herren, was hat der Kerl für eine Strafe verdient? Ich will aber von jedem sein Urteil hören."

Der Erste sagt: „Den Posten verlassen, da steht vier Wochen Arrest drauf." – „Nein", sagt der Zweite, „wenn er das beim Pulverschuppen gemacht hat, dann hat er sechs Wochen verdient." – „Na", meint der alte Zieten, „dass er hier im Saal so nackt hat präsentieren müssen, das muss ihm auf seine Strafe angerechnet werden. Vierzehn Tage möchten auch genug sein." – Und so geht das hin und her, die ganze Reihe herum.

Zuletzt kommt der Alte Fritz selber dran. „Meine Herren", sagt er, „ich werde Ihnen was sagen. Der Kerl hat zwar seinen Posten verlassen, das gebe ich zu, hat aber den Schuppen stets im Auge gehabt. Der alte Pfuhl ist so dicht dabei. Seine Honneurs hat er gemacht, wie sich das gehört. Ich sage, das ist mein bester Soldat, den ich überhaupt habe. Der Kerl hat nackt seine Schuldigkeit getan, als wenn er angezogen wäre. Er hat sich sofort zu helfen gewusst. Wenn ich lauter solche Kerle hätte, da brauchte ich bloß die Hälfte an Soldaten. Er soll keine Strafe mehr kriegen. Die Angst, die er ausgestanden hat, die soll ihm Strafe genug sein. Weil er sich aber so zu helfen gewusst hat, wollen wir mal für den Kerl sammeln."

Und nun kriegt er eine leere Schüssel zu fassen, schmeißt einen Friedrichsdor hinein und reicht die Schüssel weiter. Lumpen lassen kann sich niemand von all den Herren. Und weniger als einen Taler kann doch keiner reinwerfen; etliche schmeißen auch noch mehr rein. Da ist eine ganze Neige zusammen gekommen. – Nun nimmt Friedrich die Schüssel, geht hin zu dem Posten und kommandiert: „Kehrt!" Er macht ihm hinten die Patronentasche auf, schüttet ihm all das Geld da rein und sagt: „Von heute ab ist Er Unteroffizier."

Nun konnte er gehen. War dem Kerl aber ein Stein vom Herzen! Das es so kommen könnte, das hatte er sich nicht gedacht. Er hatte sich eine schwere Strafe vermutet, und nun war es sein Glück geworden. [75]

König Fritz und der langgediente Grenadier

Bei einer andern Gelegenheit, als der König gerade ein pommersches Regiment inspizierte, fragte er einen ihm durch seine Körpergröße auffallenden Grenadier: „Wie lange dient Er, mein Sohn?" – Der Gefragte antwortete: „Vierteihgen Johr, Majestät!" – Der König: „Wie alt ist Er denn?" – Der Grenadier: „Twintig Johr, Majestät!" – Der König: „Dann kann Er aber doch unmöglich vierzehn Jahre gedient haben." – Der Grenadier: „Doch, Majestät. Söss Johr heff ick as Goosjung', söss Johr as Pierd'jung' un een Johr as Soldåt deent." – Der König: „Schön, mein Sohn, das ist dann eine andere Sache." [76]

Der Alte Fritz und der polnische Soldat

Wenn der Alte Fritz ein Regiment besichtigte, pflegte er auch einzelne Leute von den gemeinen Soldaten anzureden und nach diesem und jenem zu fragen. Eines Tages inspizierte der König ein pommersches Regiment, in welchem viele polnische Soldaten dienten. Wenn der König einen von diesen Soldaten anredete, so war zu gewärtigen, dass er entweder gar keine oder eine ganz unverständliche Antwort erhielt.

Um dem vorzubeugen, ließ der Oberst Umfrage halten, was der König bei früheren Besichtigungen gefragt hatte, und da ergab sich, dass der König gewöhnlich gefragt hatte: „Wie alt bist du, mein Sohn?" Zweitens: „Wie lange dienst du?" Und drittens: „Hast du Fourage und Löhnung immer richtig empfangen?"

Daraufhin wurden die polnischen Soldaten, die außer den Kommandoworten fast kein Wort Deutsch verstanden, instruiert, wie sie sich bei einer etwaigen Anrede durch den König zu verhalten hätten.

Als nun der Tag der Regimentsbesichtigung herangekommen war, klappte alles vorzüglich, und man sah es dem König an, dass er wohl zufrieden war. Am Schluss der Besichtigung ging der Alte Fritz auch durch die einzelnen Korporalschaften, und dabei wollte es der Zufall, dass er auch einen der polnisch sprechenden Soldaten anredete. Ein weiterer Zufall aber fügte es, dass der König seine beiden ersten Fragen in umgekehrter Reihenfolge stellte. Der König fragte also zuerst: „Wie lange dienst du, mein Sohn?" – „Achtundzwanzig Jahre, Majestät!" lautete die Antwort. – „Nanu, wie alt bist du denn?" – „Fünf Jahre, Majestät!" – Darauf versetzte der König scherzend: „Weißt du, mein Sohn, entweder bist du verrückt oder ich." – Worauf der Soldat prompt antwortete: „Alles beides, Majestät!" [(77)]

König Fritz und der Soldat mit dem festen Glauben

König Fritz kommt auch einmal zu einem Soldaten und fragt ihn, was er für einen Glauben hätte. – Denselben wie sein Schuster, sagt der Soldat. – Was der denn glaube? – Der glaube, dass er das Geld für die Stiefel nicht kriege, die er ihm gemacht hätte, und das glaube er selbst auch nicht. – König Fritz gibt ihm Geld, er solle die Stiefel bezahlen. – Nach einiger Zeit trifft er ihn wieder und fragt ihn, was er denn nun für einen Glauben hätte. – Oh, hat der gesagt, um ein Paar Stiefel schmisse er seinen Glauben nicht um. [(78)]

König Fritz und der Vogel unter dem Helm

De Posten, dee vör 't Hauptportal steht bie König Fritzen, den' drückt de Notdurft. Wat sall he nu måken, wo sall he hen? He geht kurzerhand rin in 't Schillerhaus, treckt de Hosen run un måkt sien Geschäft dor. Un deckt nu dor den' Helm rup un steht nu Posten wieder.

Nu kümmt Fritz ut 't Hauptportal un seggt: „Was ist denn hier los? Du stehst hier Posten ohne Helm?" – „Ja, Mageschtät, dee is in 't Schillerhuus. Ick heff 'n Wachtel fungen, un den' heff ick dor unnerspunnt." – „Ja? Lass mal sehen!" seggt Fritz. – „Ja. Ick ward den' Helm mål hochböhren, un Mageschtät möten denn togriepen!" – Un de Posten böhrt nu den' Helm hoch, un Fritz grippt to un hett nu 'n schönen Wachtel krägen. [79]

König Fritz und das Geschwür

König Fritz hett 'n Geschwür hatt. De Professor seggt to Kion, he süll em man eens in 'n Lachen bringen. – König Fritz verspreckt em teihn Fåden Holt, wenn he em heilen ded'. – Ja, he müsst 'ne Kompanie Soldåten dorto hebben. – Jawoll.

Dee möten anträden un all eenen Duumen in 'n Noors stäken un eenen in 'n Mund. Un Kion befählt: „Daumen wechselt um fix!" – Dor hett König Fritz so lacht. De ganze Maratz is ruutgåhn ut 'n Hals. [80]

Ein Posten schickt König Fritz in den April

Da ist einmal ein Posten gewesen, der steht vor dem Schloss des Alten Fritz auf Wache. Nun ist ihm das da so langweilig. Und sobald ein Soldat vorbeikommt, fängt er an mit ihm zu erzählen vom Dienst und so. Das darf ja ein Posten nicht.

„Na", sagt der Posten, „nu steht man sich hier den ganzen Dag de Been in 'ne Buuk. Un wenn de Ulle kåmen deet un man hett nich orndlich Honnör måkt, da kriggt man noch wat an 'ne Kopp geschmete. Worüm steht man nu bloß hier den ganzen Dag?" – „Jo, Mensch", sagt der andere, „dat mutt doch so, dat nüscht passeeren deet." – „Na", sagt der Posten, „wat schüll denn ose Ulle all passeeren? Dem deet keener wat, un wegdrågen deet 'n uck keener. He is jo een ganz goder Kerl; åber 'ne Schåwnack möcht ick em doch mål gern speele. Hüüt is de erste April. Wenn ick den Ullen mål so richtig künn April schicken, da schüll mi dat Spåß måke." – „Mensch", sagt der andere, „dat kriggst nich farig. Dor is de Ulle doch to schlau to."

König Fritz hat hinter der Gardine gestanden und hört sich das alles mit an. „Warte nur, Musche Niedlich", denkt er, „ich werde dir von wegen April schicken." Er schreibt einen Zettel und trägt ihn zu dem Posten hinaus und sagt zu ihm: „Diesen Zettel bringst du rasch hin nach der Wache und gibst ihn dem Offizier. Und wenn du gekriegt hast, was da drauf steht, dann kommst du wieder und meldest dich bei mir. Unterdessen kann der andere so lange Posten stehen."

„Dausend", denkt der Posten, „wat schall da dat bedüüjen, dat de König di nah 't Wach schicken deet?" Ihm ist aber nicht mehr ganz gut dabei. Als er nun hinkommt, gibt er den Zettel ab.

Der Offizier macht auf und liest, was der Alte Fritz geschrieben hat. „Na", sagt er, „was hast du da verbrochen? Da stehen ‚Fünfundzwanzig' drauf." – Gleich haben ihn auch schon ein paar Kerle zu halten, rüber mit ihm über den Tisch, und schon kriegt er sein Traktament. – Nun kann er wieder laufen und muss sich ja nun beim König melden.

„Na", sagt Fritz, „hast du alles gekriegt?" – Ja, er habe alles. – „So", sagt Fritz, „die Fünfundzwanzig sind für deine dämlichen Redensarten von wegen dem Alten. Wenn du es nun bis heute Abend nicht fertig kriegst, mich in den April zu schicken, dann kriegst du noch eine Ladung."

Na, nun hat er sich schön was eingebrockt. – Mit der Zeit kommt ja die Ablösung. Nun sitzt er auf der Wache und grübelt und grübelt. Noch eine Wucht will er doch nicht haben. Was soll er nun bloß machen?

Als er wieder aufziehen muss, nimmt er sich eine Trompete mit. Vielleicht, dass ihm das glückt. Er steht bloß und horcht, ob König Fritz auch in seinem Zimmer ist. Ja, er ist drin.

Nun kriegt er seine Trompete hervor und fängt an, Signal zu blasen auf eine fürchterliche Art: Feuer! Feuer! – Fritz hört dies und springt vom Tisch auf. Er denkt, das ganze Schloss brennt, weil einer so dicht vor seiner Türe tutet. – Er schnallt sich rasch seinen Degen um und grapscht seinen Hut und raus. „Posten", ruft er, „wo brennt es?" – Mein Posten dreht sich um, hebt den Rockschoß hoch und sagt: „Hier, Majestät." [81]

Der Alte Fritz und der preußische Pfiff

Von Friedrich dem Großen wird in der Neumark erzählt, dass er öfter abends, in einen alten Soldatenmantel gekleidet, umhergegangen sei in der Residenz und die Wirtshäuser besucht habe, um zu sehen, was seine Soldaten dort angäben.

Einst trifft er auch einen Soldaten in einem Wirtshaus, der dort gehörig trinkt und ihn einlädt, gleichfalls mitzutrinken. Der Alte Fritz lässt sich zwar etwas nötigen, tut aber doch zuletzt Bescheid. Da ihm jedoch der Geselle zu viel draufgehen zu lassen scheint, fragt er ihn: „Aber Kamerad, wo hast du denn das Geld her; dazu reicht doch dein Sold nicht hin?" – „Ja", sagt der andere, „wer den preußischen Pfiff nicht kennt!" – „Was ist das, der preußische Pfiff?" fragt der Alte Fritz. – „Das kann ich dir nicht sagen", entgegnet der Kamerad, „du könntest mich verraten."

Diese Antwort macht den König gewaltig neugierig; er dringt in den Soldaten und ruht nicht eher, bis ihm dieser das Geheimnis offenbart. – „So höre denn", beginnt der Soldat, „ich verkaufe alles, was zu verkaufen ist, es ist ja jetzt Frieden. Was brauche ich zum Beispiel eine stählerne Säbelklinge, die ist verkauft, siehst du?" Und damit zieht er den Griff seines Säbels heraus und zeigt dem König eine hölzerne Klinge. – Dieser tut befriedigt und geht weiter.

Er hat sich aber den Soldaten wohl gemerkt, und nach einiger Zeit heißt es, das und das Regiment solle vor dem Könige zur Parade antreten. Der König kommt, reitet einige Male auf und ab, und als er den Kameraden von neulich herausgefunden hat, befiehlt er ihm und seinem Nebenmann hervorzutreten.

Als der Alte Fritz sich noch einmal genau überzeugt hat, dass von diesen beiden der eine sein Mann ist, den er gesucht hat, sagt er zu dem Kameraden mit dem preußischen Pfiff: „Ziehe sofort deinen Säbel und haue deinem Nebenmann den Kopf ab!" – Der Soldat erschrickt, fasst sich aber schnell und erwidert: „Ach, Majestät, warum sollte ich das wohl tun? Mein Kamerad Nebenmann hat mir ja nichts zuleide getan!" – „Zieh", ruft der Alte Fritz, „sonst soll dir dein Nebenmann den Kopf abschlagen."

Da bleibt dem Manne mit dem preußischen Pfiff nichts übrig; er legt die Hand an den Griff, blickt zum Himmel und ruft: „Nun denn, wenn es nicht anders sein kann, so möge mich Gott vor Mord behüten und geben, dass meine Säbelklinge zu Holz wird!" Und siehe da, wie er den Säbel herauszieht, ist die Klinge von Holz. – Friedrich aber lacht und sagt: „Ich merke, du verstehst wirklich den preußischen Pfiff." [82]

König Fritz und der Soldat im Kaufmannsladen

König Fritz liebte es, als gemeiner Soldat verkleidet sich unter seine Soldaten zu mischen. So fand er einst einen Soldaten, der hatte alle Abend viel Geld, und niemand wusste, wo er es her hatte. König Fritz hielt sich nun an diesen Soldaten und sprach zu ihm: „Morgen Abend musst du mich freihalten." – „Das kann ich nicht", erwiderte der andere, „ich habe selbst nicht viel. Aber wenn du schweigen kannst, so führe ich dich zu einem Kaufmann, bei dem ich früher gewesen bin. Dort können wir uns Geld holen." – König Fritz sprach: „Ein Soldat darf den andern nicht verraten; ich komme mit."

Am andern Abend gingen die beiden zu dem Kaufmann. Der Soldat wusste, wo die Ladenkasse und der Schlüssel zu derselben war. Er öffnete sie und legte das Geld, welches darin war, in drei Haufen. Dann sprach er: „Dies ist das Geld, wofür der Kaufmann eingekauft hat, dies hier ist sein Verdienst und das da der Betrug." Diesen dritten Teil nahm der Soldat an sich und gab König Fritz die Hälfte ab.

Dieser aber wollte auch noch von dem zweiten Haufen nehmen. Der Soldat aber erwiderte: „Nein, das kann ich nicht." Und als der König ihn trotzdem noch einmal dazu aufforderte, gab er dem König eine derbe Ohrfeige. Hierauf gingen beide auf den Ball; der König aber ließ sich den Abend nicht wieder sehen.

Am folgenden Tage beschied er den Kaufmann und den Soldaten zu sich und fragte den ersteren, ob er Geld vermisse. – Als dieser es verneinte, entdeckte ihm der König, dass Diebe bei ihm gewesen seien, und gab ihm das gestohlene Geld wieder. – Zu dem Soldaten aber sprach er: „Dem da habe ich meine Schuld ausbezahlt; nun sollst auch du erhalten, was ich dir schulde." Und damit gab er ihm eine tüchtige Ohrfeige. [83]

Der Alte Fritz und der Soldat in der Schatzkammer

Unter den Soldaten des Alten Fritz ist einer gewesen, der trotz seiner spärlichen Löhnung immer eine sehr prächtige Kleidung trug. Allen Kameraden war es ein Rätsel, woher er das Geld dazu nähme, und endlich brachten sie es vor den König.

Der zog sich schlechte Kleider an und ging zu dem Soldaten und fragte ihn, wie es denn komme, dass er stets so schön gekleidet sei. – Arglos vertraute ihm der Soldat sein Geheimnis an und sagte: „Ich besitze einen Zauberstab, vor dem öffnen sich alle Türen. Damit gehe ich zur Nachtzeit in die Häuser der Kaufleute und teile dort alles Gut in drei Teile. Kostenpreis und erlaubten Gewinst lasse ich ihnen, aber den Überfluss behalte ich für mich." – Fragte der Alte Fritz: „Dann kannst du wohl auch in die Schatzkammer des Königs kommen?"
– „Natürlich", antwortete der Soldat. – „Nun", meinte der Alte Fritz, „dann können wir ja einmal beide zusammen dorthin gehen."

Der Soldat wollte sich anfangs nicht auf die Sache einlassen. Als ihm aber der König heilig versprach, er wolle nichts mit sich nehmen, willigte er endlich ein, und sie schritten zusammen dem Schlosse zu.

Wirklich, der Soldat hatte nicht gelogen. Kaum hatte die Zauberrute ein Schloss berührt, so sprang die Türe sogleich auf, und sie befanden sich nach wenig Augenblicken in der Schatzkammer. Hier gingen sie beide eine Zeit lang auf und ab und besahen alles, dann drängte der Soldat zum Aufbruch.

Dabei konnte es aber der Alte Fritz nicht über sich gewinnen, den Soldaten bis auf den Grund zu prüfen. Rasch griff er zu und raffte eine Hand voll Geld aus der Kiste. In demselben Augenblick war aber auch der Soldat schon bei ihm, rief ihm zu: „Hältst du so dein Wort? Einem Könige darf man nichts nehmen, der hat viele zu versorgen", und prügelte dann wacker auf den König ein, so dass er froh war, als sie wieder aus der Schatzkammer heraus waren.

Am andern Morgen erhielt der Soldat Befehl, zum König zu kommen. Dort erfuhr er zu seinem Entsetzen, wer in der vergangenen Nacht sein Begleiter gewesen war und wen er durchgeprügelt habe. Aber der Alte Fritz trug ihm die Streiche nicht nach, sondern machte ihn sogleich frei von den Soldaten und schenkte ihm obendrein ein hübsches Grundstück. Nur den Zauberstab hat der Soldat abgeben müssen, der schien dem Alten Fritz denn doch zu gefährlich. [84]

Der Alte Fritz und der Husar im Räuberhaus

Zu den Zeiten des Alten Fritz lebte einmal ein Husar, der stand schon dreizehn Jahre im Regiment und war noch immer erst Gefreiter. Das kam aber daher, dass er zu arm war, um mit dem Wachtmeister einen Schluck trinken zu gehen. Die jungen Bauernsöhne dagegen, die von Hause her viel beizubrocken hatten, wurden allesamt im fünften Jahre Unteroffiziere. Das nahm sich der alte Gefreite zu Kopfe, dass er sich vor Wut nicht mehr zu lassen vermochte, und endlich ward er so zornig, dass er das Pferd aus dem Stalle zog und bei Nacht und Nebel auf und davon ritt.

Am Ersten hatte er die Löhnung noch eingestrichen, am Zweiten war er schon nirgends mehr zu finden, und wie ihm der Oberst auch nachspüren ließ, er war und blieb ver-schwunden. Und das kam daher, dass er sich in einem großen, dunkeln Walde aufhielt, um von da aus, wenn über die Sache Gras gewachsen wäre, zu den Franzosen zu reiten und bei ihnen sein Glück zu versuchen.

Wie er nun eines Tages im Walde umherirrte und sein Pferd neben ihm her graste, traf er auf einen Jägersmann. – „He, guter Freund", rief der Gefreite, „kannst du mir nicht sagen, wie ich aus diesem Walde zu den Franzosen komme?" – „Nein", sagte der Jäger, „ich kenne mich hier auch nicht aus. Ich habe mich verirrt und wüsste selbst gern, wo die Richtung liegt. Aber wer bist du denn?" – „Ich bin ein weggelaufener Husarengefreiter!" – „Ach, das ist nicht gut", sagte der Jäger, „weshalb bist du denn ausgerückt?"

Da erzählte ihm der Soldat alles, wie es ihm ergangen war, dass er dreizehn Jahre im Regiment gestanden habe und noch immer erst Gefreiter sei. – Sprach der Jäger: „Du hast dich wohl schlecht geführt!" – „I bewahre", antwortete der Soldat, „hier kannst du's sehen, sogar zwei Dienstauszeichnungen habe ich von dem Alten Fritz bekommen!" – „Ist's die Möglichkeit!" sagte der Jäger. „Aber wie kann das nur sein?" – „Das ist ganz einfach", sprach der Soldat. „Ich bin nur ein armer Tagelöhnerjunge und konnte dem Wachtmeister nichts zu trinken geben. Die Bauernsöhne hatten's besser, die bekamen nach fünf Jahren die Tressen." – „Glaub's nur", antwortete der Jäger, „wenn das der Alte Fritz wüsste, es sollte nicht geschehen." – „Ach bleib mir mit dem Alten Fritz", brummte der Gefreite. „Zweimal habe ich an ihn geschrieben und niemals Antwort erhalten. Freilich, Gott weiß, an den mag auch nicht alles kommen." – „Hm, hm", sagte der Jäger, und dann begann er von etwas anderm zu reden und fragte den Gefreiten, wie sie es machen sollten, dass sie aus der Wildnis heraus und wieder unter Menschen kämen. – „Das wird schwer halten", meinte der Soldat.

Wie sie aber so hinschlenderten und es mittlerweile anfing dunkel zu werden, sahen sie plötzlich ein Licht durch die Bäume schimmern. Darauf gingen sie zu, und es dauerte gar nicht lange, so standen sie vor einem großen, steinernen Hause mit Stall und Scheune.

Der Soldat pochte sogleich an die Türe und trat ein, und der Jäger folgte ihm nach. Drinnen saß ein altes Weib am Ofen und spann. – „Guten Abend, Mutter", sprach der Soldat. – „Guten Abend, mein Sohn", antwortete die Alte. – „Können wir nicht zu Abend essen und ein Nachtlager bekommen?" – „Setzt euch nur an den Tisch und esst!" sprach das Mütterchen, und der Soldat ließ sich nicht lange bitten und setzte sich nieder auf die Bank und langte tüchtig zu von den Speisen, die sie ihm auftrug.

Der Jäger war ängstlicher, denn er fürchtete, es wäre eine Räuberhöhle, in die sie geraten seien.

Und richtig, als sie ein kleines Weilchen gesessen hatten, kamen zwölf schwarze Kerle zur Türe herein, und wie sie die beiden erblickten, raunten sie einander ins Ohr: „Das sind wieder einmal ein paar fette Braten."

Der Soldat vernahm ihre Reden wohl, tat aber, als höre er nichts; doch dem Jäger flatterten die Hosen. – „Warum zitterst du so? Dir ist doch nicht kalt?" fragte ihn der Gefreite. – „Nicht doch, sei stille", sagte der Jäger, „siehst du nicht, es sind ihrer zwölf!" – „Und wir sind zwei", antwortete der Soldat ebenso leise. „Iss nur, dass du satt wirst, und lass das Zittern! Was sollte der Alte Fritz wohl machen, wenn er lauter solche Soldaten hätte."

Dann sprach er laut: „Guten Abend, ihr Herren, wir sind nämlich auch Räuber und wollen bei euch eintreten." – Da wiesen die Kerle auf den Jäger, wie der Messer und Gabel zu liegen hatte. Denn die Räuber erkennen einander am Essen, und der Soldat wusste das wohl, aber dem Jäger war es unbekannt. – Sogleich holte der Soldat aus und gab dem Jäger eins hinter die Ohren, wies ihm, wie er es anzustellen habe, und sprach: „Es ist noch ein Anfänger, aber er wird sich schon machen."

Über der Sache hatten die Räuber Zutrauen zu den Gästen gewonnen, und sie setzten sich zu ihnen an den Tisch. Nachdem sie sich satt gegessen und getrunken hatten, sprach der Soldat: „Nun will ich euch ein Kunststück zeigen. Wer will's mir glauben, ich trinke einen Kessel kochenden Wassers aus!" – „Das sollst du wohl bleiben lassen", sprachen die Räuber, schafften aber sogleich einen Kessel voll kochenden Wassers herbei, legten ein paar Steine auf den Tisch und setzten ihn darauf. Dann steckten sie alle die Köpfe zusammen, damit sie gut sehen könnten. Eins fix drei hatte da der Soldat den Kessel bei den Henkeln ergriffen und goss das Wasser ringsum, dass allen zwölf Räubern die Augen verbrüht wurden, so dass sie nicht mehr sehen konnten. Dann zog er den Säbel aus der Scheide, und hast du nicht gesehen, flog ein Kopf hier und ein Kopf da, bis auch der letzte Räuber getötet war.

Als er fertig war mit der Arbeit, schaute er sich nach dem Jäger um. Der saß hinter dem Ofen und war noch halbtot vor Schrecken. – „Warum hast du mir nicht geholfen?" sagte er zornig. „Mit deiner Flinte träfst du zwei, und den dritten konntest du mit dem Hirschfänger niederstechen!" Und damit gab er ihm wieder eins hinter die Ohren, dass ihm Hören und Sehen verging.

Danach fragte er das alte Weib, so lieb ihr das Leben sei, sie solle ihm sagen, ob das die Räuber alle wären. – „Nein", sagte das Mütterchen, „um zwölf kommen noch zwölf." – „So ist's Zeit, dass wir die Leichen beiseite bringen", sprach der Soldat. Und da in der Diele eine Klapptüre war, die zum Keller führte, wo die Räuber ihre Schätze verborgen hatten, schleppten sie einen von den Toten nach dem andern herbei und warfen ihn kopfüber die dunkle Treppe hinab.

Als der letzte heruntergestürzt war und sie gerade die Klappe geschlossen hatten, traten die anderen zwölf Räuber in die Stube. Denen ging es nicht besser wie den ersten. Sie wollten ebenfalls gerne sehen, wie ein Mensch einen Kessel voll kochenden Wassers trinken kann, und wurden von dem Soldaten verbrüht und erschlagen. Und der Jäger war wieder in seiner Angst hinter den Ofen gekrochen und bekam seine Schläge dafür.

Aber der Gefreite verzieh ihm gar bald, und als er von dem alten Weib vernommen hatte, dass nun alle Räuber tot wären, legte er sich mit ihm schlafen und hieß ihn am andern Morgen von den Kostbarkeiten der Räuber nehmen, so viel er nur zu tragen vermöchte. Dann steckte er sich selbst alle Taschen voll. Was übrig blieb, durfte das alte Mütterchen behalten, denn es hatte sich aus Zwang bei den Räubern aufgehalten und musste ihnen die Wirtschaft führen.

Zum Dank dafür wies sie ihnen den rechten Weg, und als sie den ein paar Stunden gegangen waren, kamen sie auf das freie Feld hinaus und konnten Berlin schon vor sich erblicken.

„Höre, Kamerad", sagte der Jäger, „wir gehen jetzt zusammen in die Stadt!" – „Das werde ich hübsch bleiben lassen", antwortete der Soldat, „fangen sie mich, so lässt mich der Alte Fritz erschießen. Lauf du nur in die Stadt, derweile ich in dem nächsten Dorf im Kruge bleibe und mich ausruhe. Wenn du zurückkommst, reisen wir beide zu den Franzosen und gehen in den Krieg. Dass du mich aber ja nicht verrätst, sonst kostet es dich dein Leben!"
– Das versprach ihm der Jäger auch, und nachdem sie in das nächste Dorf gekommen waren, ließ er den Soldaten im Kruge zurück und ging allein nach Berlin.

Nun war aber der Jäger kein anderer, als der Alte Fritz selbst, der sich im Walde verirrt hatte. Sobald er im Schlosse angelangt war, gab er Befehl, dass ein ganzes Regiment Soldaten ausrücke und das Dorf umstelle und den Husarengefreiten gefangen nehme. Sie sollten ihm aber ja nichts zuleide tun, sonst würde er es bitter an ihnen rächen.

Das Regiment rückte aus, und der Gefreite erschrak nicht wenig, als mit einem Male die vielen Soldaten erschienen und ihn gefangen nahmen. Er wollte sich wehren, aber es half ihm nichts; es waren ihrer zu viele, und er musste sich wohl oder übel abführen lassen. „Dachtest du dir's doch", sprach er bei sich selbst, „dass dich der Spitzbube verraten würde. Du hattest es dir gleich gedacht; nun kostet's dich dein Leben!" Und während er noch so mit sich zankte, ward er in das Schloss geführt und vor den Alten Fritz gebracht.

„Was bist du, mein lieber Husar?" fragte der König. – „Ich bin ausgerissen", antwortete der Gefreite. – „Was hast du dafür verdient?" fragte der König. – „Die Kugel", antwortete der Gefreite. – „Und was wünschst du dir noch vor dem Tode?" fragte der König. – „Ich möchte nur noch ein einziges Mal den Jäger sehen", sprach der Gefreite. – „Wirst du ihm auch nichts zuleide tun?" fragte der Alte Fritz. – „Nein", sagte der Gefreite.

Da ging der König hinaus, und es dauerte gar nicht lange, so trat der Jäger herein. Eins fix drei hatte der Husar den Säbel aus der Scheide gezogen, und wäre der Jäger nicht mit einem Satz zur Türe zurück- und herausgesprungen, so hätte er ihm das Haupt abgeschlagen. So aber schlug der Husar fehl und in den Tisch hinein, dass die Splitter flogen.

Indem kam der Alte Fritz zurück und schalt: „Hältst du so dein Wort?" – „Ach, Herr König", sagte der Soldat, „ich konnte nicht anders! Ich habe dem Kerl das Leben gerettet und ihn reich gemacht, und zum Dank dafür hat er mich verraten." – „Du sollst ihn noch einmal sehen", sagte der Alte Fritz, „aber diesmal bezwing deinen Zorn!"

Und richtig, der König ging hinaus, und über ein kleines Weilchen kam der Jäger wieder zur Türe herein. Und schon hatte der Soldat sein Versprechen vergessen und den Säbel gezogen und wollte eben voll Zorn den Jäger erschlagen. Da riss der den grünen Rock auf, und vor ihm stand der Alte Fritz mit dem goldenen Stern auf der Brust. Da fiel der Soldat zu Boden und bat um Vergebung, und es überlief ihn eiskalt, als er daran dachte, wie er ihm in der Räuberhöhle mitgespielt hatte.

Der Alte Fritz aber lachte und sprach: „Fürchte dich nicht, mein Sohn, ich will dir dein Leben schenken. Wenn ich lauter so tapfere Soldaten hätte, so brauchte ich ihrer nur halb so viel, als ich jetzt nötig habe. Und nun komm und iss! Gestern war ich bei dir zu Gast in der Räuberhöhle, heute sollst du bei mir dein Frühstück verzehren."

Als sie gegessen und getrunken hatten, stellte ihm der Alte Fritz ein versiegeltes Schreiben aus. Damit musste er zu seinem Regimente gehen. Dort nahmen sie ihm sogleich Pferd und Säbel ab, um ihn ins Loch zu führen. Wie aber der Brief erbrochen wurde, stand darin, dass der Gefreite von Stund an des Regimentes Oberst sei.

Da war er mit einem Male weit höher gestiegen, als alle die reichen Bauernsöhne und die Wachtmeister zusammengenommen, und er hat noch lange Zeit das Regiment befehligt und ist des Alten Fritz bester Husarenoberst gewesen. [(85)]

König Fritz und der essende Posten

König Fritz hat sich wieder einmal verkleidet und hat die Brückenwache revidieren wollen. Der dort Wache gehabt hat, das ist einer aus dem Schwabenland gewesen, ein beherzter Bengel, aber ein bisschen dummdreist. Bevor er auf Wache gezogen ist, hat er ein Paket von zu Hause gekriegt, und was da drin gewesen ist, das hat er sich in die Tasche gesteckt und hat es sich mitgenommen auf die Wache.

Als er nun gerade dabei ist und holt sich ein Stück Brot und ein Ende Wurst heraus und fängt an zu essen, kommt der König angegangen. Er hat ihn aber nicht gekannt, weil er verkleidet gewesen ist.

Nun geht der König ran zu dem Posten und sagt: „Was bist du da für einer?" – „Ich bin meinem König sein Soldat." – „Und was machst du hier?" – „Na, ich steh hier Wache", sagt der Posten und isst immer sacht weiter an seiner Wurst und sagt nun zu dem König: „Du hast mich gefragt, was ich für einer bin. Was bist du da für einer? Bist du vielleicht ein abgedankter Soldat?" – „Nein", sagt der andere, „höher rauf!" – „Bist du ein Unteroffizier?" – „Nein, höher rauf!" – „Bist du ein Feldwebel?" – „Nein, immer höher rauf!" – „Bist du ein General?" – „Immer höher rauf!" – „Na, da bist du wohl gar der König?" – „Ja, das bin ich." – „Ach Gott", sagt der Posten, „dann halte mal rasch meine Wurst fest, dann muss ich ja präsentieren!" [(86)]

Der Alte Fritz hat alles selbst durchgemacht. Darum hat er auch so gut Bescheid gewusst. Einmal sieht er, wie eine Bauersfrau barfuß Mist auflädt. Er fragt sie, wieso sie das nötig hätte. – Da klagt sie ihm ihr Leid: Alle ihre drei Söhne hätten sich festgelost, und der König hätte sie als Soldaten genommen und ihr keinen gelassen.

Am andern Tag hat der Alte Fritz gleich einen von den Jungen nach Hause geschickt. Ja, so war er. [87]

Krieg und Nachkrieg

Wie Zieten dem König grollte

Da der alte Zieten die lange Friedenszeit gar nicht gut vertragen konnte, verfiel er auf lauter dumme Witze, so dass ihn der König schließlich fortjagen musste. Grollend zog sich der Alte auf sein Gut Wustrau zurück.

Als nun aber der Krieg mit Österreich aufs Neue ausbrach, merkte der Alte Fritz, dass er den alten Haudegen doch wohl noch einmal gebrauchen könne, und schickte schleunigst einen Adjutanten zu ihm mit der Aufforderung, wieder in seine frühere Stellung zurückzukehren. – Zieten aber entgegnete: „Nein, der König hat mich einmal fortgejagt; ich komme nicht wieder." – Auch ein zweiter Adjutant, den der König abschickte, richtete bei dem alten General nichts aus.

„Da werde ich wohl selbst nach Wustrau müssen", meint endlich Friedrich, macht sich auf den Weg und erscheint plötzlich im Schloss zu Wustrau: „Zieten, Er muss kommen, ich gebrauche ihn!" ruft er bei seinem Eintritt dem alten Waffengefährten entgegen, und Zieten, wie er den König sieht, hat allen Groll vergessen. – „Na, wenn mich Majestät so sehr gebrauchen, muss ich schon wiederkommen", erklärt er seinem König, lässt sofort die Pferde satteln, und vorwärts geht's mit dem König nach Berlin und von da in den Krieg. [88]

Im Pyritzer Kreise liegt etwa eineinhalb Meilen von Stargard entfernt das Dorf Cremzow, und bei dem befinden sich die Trümmer einer mittelalterlichen Burg. Hier lebte – so erzählt die Sage – zur Zeit des Alten Fritz ein Raubritter, der sich vor des Königs Majestät nicht beugen wollte; ja, er soll dem König sogar verboten haben, bei seinen Fahrten durch das Land den Weg an seiner Burg vorbei zu benutzen.

Da der Ritter sehr reich war, ließ er seine sechs Wagenpferde dem „armen König", wie er ihn nannte, zum Hohn mit goldenen Hufeisen beschlagen und fuhr dann stolzer als ein König an ihm vorbei. – Das verdross den König, und er ließ dem Ritter sagen, dass er ihm zum Frühstück ein Gericht Erbsen senden werde.

Dies verstand man in der Burg erst, als die ersten Erbsen in Gestalt von Kanonenkugeln präsentiert wurden. Die Ritterfrau entschloss sich nun, trotz der Feuerschlünde, die ihr entgegen schauten, zum König zu gehen. – Durch fußfälliges Bitten erreichte sie so viel, dass der König ihr erlaubte, sich dreierlei aus dem Schlosse in Sicherheit zu bringen. Die Burg selbst könne nicht stehen bleiben, an ihr solle ein Exempel statuiert werden.

Was war nun dies dreierlei, das die Schlossfrau mit Mühe von der Burg herabschleppte in das Tal? Zum ersten trug sie ihren Mann, zum andern ihr Kind, und zum dritten eine Schürze voll des schönsten Goldes aus der Stätte, die dem Untergang geweiht war.

Alles wurde zerstört. Nur ein Haufen von Steinen lässt jetzt noch ahnen, wie strenge das Gericht gewesen.

Obwohl niemand die Burgruine betritt, schlängelt sich dennoch ein Steig hinauf, auf welchem im Winter kein Schnee liegt und im Sommer kein Gras wächst. Von der Burgruine gehen zwei unterirdische Gänge aus, der eine zur Kirche und der andere zu dem steinernen Kreuz, welches bei dem Dorfe liegt. Unter den Trümmern der alten Burg sollen gewaltige Schätze vergraben sein, die erst gehoben werden können, wenn einer der von Wedell mit einem Auge geboren wird. [89]

Der Alte Fritz im Biwak

Einmal ist der Alte Fritz, wie er das oft getan hat, in Bauerntracht durch die im Biwak liegenden Soldaten gegangen. Denn überall hat er sich von allem selbst, durch den eigenen Augenschein, überzeugen wollen. Dabei kam er auch zu einigen Soldaten, die um ein Feuer lagen und sich wärmten, und fragte, ob er sich nicht mitwärmen dürfe. – „Gewiss", erwiderten die Leute, „doch musst du mit Holz herantragen helfen."

Diese Arbeit stand dem Alten Fritz nicht an, und weil ihn fror, trat er ohne weiteres an das Feuer heran. Das ging den tapferen Soldaten über den Spaß. Sie schalten und schimpften auf ihn, ja einer fing an, ihn mit Schlägen davon zu treiben.

In dieser Not schlug der Alte Fritz seinen Mantel auf und gab sich so den Leuten zu erkennen. Da gerieten sie alle in großen Schrecken, aber der Alte Fritz hat ihnen die schlechte Behandlung niemals nachgetragen. [90]

König Fritz als Spion

König Fritz ist ja immer dicht an der Front gewesen. Und in dem Quartier, wo er gewesen ist, hat er gerne mal die feindliche Stellung ausgekundschaftet und sich genau über alles orientieren wollen. Da hat er sich als Händler verkleidet und einen Korb mit weißen Bohnen besorgt. Damit ist er ins feindliche Lager gegangen und hat Bohnen verkauft.

Und als er sich dort über alles ordentlich orientiert hat, da hat er gesagt: „Von den weißen Bohnen habe ich nicht mehr gehabt als diesen Korb voll. Aber ich habe noch ein ganz Teil blaue zu Hause." Ob sie die wohl auch kaufen würden. – Ja, haben sie gesagt, er solle nur ruhig wiederkommen. Aber was er damit gemeint hat, das ist ihnen wohl nicht ganz klar gewesen. [91]

Die Zauberkünste des Alten Fritz

Der Alte Fritz, ja, das war einmal ein König, der konnte aus Häckerling und Elsenbüschen Soldaten zaubern; und außerdem verstand er die Kunst, sich fest zu machen, so dass ihn keine Kugel zu treffen vermochte. Das kam aber daher, weil er das sechste und siebente Buch Moses besaß. Dass dies seine Richtigkeit hat, kann man [1889] auch aus dem Bilde des Alten Fritz sehen, welches in Stettin auf dem Paradeplatz in Stein gehauen ist. Die Schriften nämlich, die dort mit ausgemeißelt sind, stellen nichts anderes dar als jene beiden Bücher.

Einmal hatte der Alte Fritz eine große Schlacht verloren und musste, nur von zehn Reitern begleitet, die Flucht ergreifen. Das sahen die Feinde und folgten ihm nach, mit einem ganzen Regiment Soldaten. Als sie nun an einen Berg kamen, auf dem sich der König mit seinen Getreuen, zu Tode erschöpft, ausruhte, da erblickten sie mit einem Male den ganzen Hügel dicht mit Soldaten besetzt, obgleich vorher nichts davon zu sehen gewesen war. Sie kehrten bestürzt um; doch als sie nach einer kleinen Weile zurückschauten, waren es keine Soldaten, die auf dem Berge gewesen waren, sondern nichts als Elsenbüsche. So hatte der Alte Fritz ihnen mit seiner Kunst die Augen verblendet. [92]

Der Alte Fritz als Schwarzkünstler

Als der Alte Fritz einmal eine große Schlacht verloren hatte, waren viele seiner Soldaten gefallen. Seine Regimenter mussten sich zur Flucht wenden. Der Alte Fritz hielt bis zum Ende aus und schoss mit seinen Pistolen. Mit jedem Schuss streckte er einen feindlichen Soldaten nieder. Obwohl die ganze feindliche Armee auf ihn schoss, wurde seine Haut nicht einmal geritzt, denn der König war kugelfest.

Um nicht in Gefangenschaft zu geraten, musste er nun doch fliehen. Hunderte von feindlichen Reitern folgten ihm im Galopp. Sie konnten den Alten Fritz jedoch nicht einholen. Zuerst behinderte sie ein Fluss, der viel Wasser führte. Dieser Fluss war vorher nicht dagewesen.

Als die Feinde den Fluss durchschwommen hatten, mussten sie sich durch dichtes Gestrüpp einen Weg bahnen. Auch dieses Gestrüpp hatte niemand vorher in der Landschaft gesehen. Dennoch holten ihn die Reiter beinahe ein.

Da standen plötzlich auf den Hügeln und Bergketten zahllose preußische Reiter und Grenadiere. Jetzt strebten die Feinde mit aller Macht zurück. Sie jagten, als wenn der Teufel hinter ihnen herreiten würde. Der Alte Fritz aber lachte. Auf den Hügeln und Bergketten standen nur einige Büsche. Er hatte den feindlichen Reitern Blendwerk hingezaubert. [93]

Der Alte Fritz in Altbelz

Im Siebenjährigen Kriege, als König Friedrich II. gegen die Russen kämpfte, bezog er für eine Nacht Quartier auf dem damaligen Gutshofe in Altbelz [Kr. Köslin]. – Bei Ankunft des Königs sagte der Besitzer zu seinem Knecht: „Johann, nu giff dei Peer gaut tau fräte, dat dei Russe usen König nich gefangen nähme." – Die Russen lagen neben einer Schanze in der Nähe, die sich von Luisenhof an der Körliner Chaussee bis zum Buchwald hinzog und deren Verlauf teilweise heute [1925] noch festgestellt werden kann.

Der Alte Fritz wurde gut bewirtet, und als er am nächsten Morgen fortreiste, wurde er gefragt, wie es ihm gefallen habe. – „Oh, sehr gut", hat er gesagt, „besonders hat es mich gefreut, dass du so für meine Pferde gesorgt hast. Wenn du mal nach Berlin kommen solltest, kannst du mich auch mal besuchen." Dann ritt er fort.

Nach vielen Jahren, als die Kriege schon lange vorbei waren, ist der Altbelzer Besitzer auch wirklich nach Berlin gefahren. Der Alte Fritz hat ihn gastfreundlich aufgenommen und ihm Berlin zeigen lassen.

Als der Besitzer wieder fortgefahren ist, hat der König ihn gefragt, wie es denn nun ihm gefallen habe. – Darauf erhielt er die Antwort: „Oh, ok ganz gaut, blot ein gefällt mi nich, dor is keen Klatt Mess up 'n Hof." – Darüber hat sich der Alte Fritz sehr gefreut und ihn als tüchtigen Landwirt gelobt. [94]

Der Alte Fritz und die Gemüsehändlerin

Als der Alte Fritz siegreich aus seinem großen Kriege zurückkehrte und in Berlin einzog, bemerkte er eine ihm wohlbekannte Gemüsehändlerin, die an ihrem gewohnten Platze ruhig ihres Geschäftes wartete und sich nicht im geringsten um den Siegesjubel kümmerte. – Der König ritt zu ihr heran und fragte sie, ob sie ihm nicht auch gratuliere, dass er siegreich wiederkehre. – „Ach was", sagte die Händlerin, „Hackpack schlägt sich, Hackpack verträgt sich." Lachend ritt der Alte Fritz von dannen. [(95)]

König Fritz und der Stelzfuß

Friedrich der Große war auf einer Revision in Schlesien. Da kam ein Mann mit einem Stelzbein zu ihm heran und bat ihn, er möchte ihm doch eine Pension geben. – „Bei welchem Regiment hat Er gedient?" fragte der König. – Der Mann nannte ein österreichisches Regiment. – „Wo", fragte der König erstaunt, „bei den Österreichern?" – „Ja", sagte der andere, „aber Ihre Soldaten haben mir doch das Bein abgeschossen." – „Recht hat Er", sagte der König, „Er muss Pension von mir haben." [(96)]

Die zwei starken Bauern

Einmal wollte der Alte Fritz in Schlesien Revue abhalten, und ein Bauer wollte etwas von ihm. Aber der König hatte keine Zeit und ließ schnell weiterfahren mit seinen vier Schimmeln. Da griff der Bauer in das Rad und hielt den Wagen fest. – Da sagte der Alte Fritz: „Wenn ich zurückkomme, komm wieder heran!" Und zum Kutscher: „Wir wollen einen andern Weg zurückfahren." Und er ist nicht wieder da zurückgekommen.

In Österreich war auch ein solch starker Bauer, und es machte der Kaiser von Österreich mit Friedrich dem Großen eine Wette, welcher den stärksten Bauern hätte. Da ließ der

König den Schlesier holen, der in das Rad gegriffen hatte. Der Österreicher war sehr groß, der Schlesier nicht so groß, aber breit.

Und sie haben gekämpft. Der Schlesier setzte den Österreicher gleich beim ersten Mal auf die Knie, und das zweite Mal warf er ihn hin und stürzte die ganze Tafel mit um, und alles, was oben war, wurde verschüttet. – Da sagte der König, er solle sich das alles mit nach Hause nehmen. [97]

Am Ende des Lebens

König Fritz an der Himmelstüre

Als König Fritz gestorben ist, ist auch gerade ein evangelischer Pastor gestorben und ein katholischer auch. Die kommen nun alle drei zusammen vor die Himmelstüre.

Da sagt der katholische Pastor: „Ich geh zuerst, ich hab' das Vorrecht." – Ja, das wollen sie ihm nicht streitig machen. – Er klopft ja an. – Petrus macht die Türe ein bisschen auf: „Wer ist da?" – „Ein katholischer Pfaffe." – Swupps! macht Petrus die Türe wieder zu.

Der evangelische Pastor klopft ja auch an. – „Wer ist da?" – „Ein evangelische Prediger." – Da ist die Türe wieder zu.

„Je, nun muss ich anklopfen", sagt König Fritz. – „Wer ist da?" – „Ein evangelischer Christ." – Da macht Petrus die Türe auch zu.

Da judizieren ja nun die drei: „Was sollen wir nun anfangen?" Nun sind da ein paar Bäume abgehauen, da gehen sie hin und setzen sich auf die Stämme. – Da sagt König Fritz: „Wollen mal ein Stück singen!" – „Na ja." Der evangelische Prediger stimmt an: „Wir glauben all an einen Gott." – Da schaut Petrus aus der Türe heraus: „Kinder, was sitzt ihr hier draußen? Kommt doch rein!" [98]

Der Alte Fritz erobert den Himmel

Der Alte Fritz ist ja nun tot und kommt zu Petrus an die Himmelstüre und klopft an, er solle ihn hineinlassen. – Petrus macht die Türe auf und fragt: „Wer bist du?" – „Ich bin König Fritz aus Berlin." – „Nein", sagt Petrus, „geh nur weiter, für dich ist hier kein Platz. Du bist ein alter Heide." – „Na", sagt der Alte Fritz, „wenn ich nicht rein soll, denn lass mich doch bloß mal durch die Ritze schauen, dass ich mal sehen kann, wie es im Himmel aussieht." – Ja, sagt Petrus, das will er ihm erlauben.

Na, Petrus macht nun die Türe ein bisschen auf, und gleich hat der Alte Fritz auch schon die Hand dazwischen und ruft in den Himmel hinein: „Alle Preußen angetreten! Raus!"
– Nun laufen sie alle raus aus der Türe, und Petrus kriegt das mit der Angst, dass der Alte Fritz den ganzen Himmel ausräumt.

Na, sagt Petrus, dann solle er man reinkomen, damit er man bloß etwas im Himmel behält. – Und so ist der Alte Fritz in den Himmel gekommen. [99]

Der Alte Fritz geht um

Die Potsdamer Garnisonskirche, in deren Gruft der Alte Fritz begraben liegt [1921], wird manchmal um Mitternacht ganz hell im Innern, Orgelspiel ertönt, es öffnen sich die Türen weit, und der Alte Fritz kommt hoch zu Ross herausgeritten. Die Schildwachen haben den König deutlich erkannt und vor ihm präsentiert; aber das Pferd des Königs ist ohne Kopf gewesen.

Er reitet durch die nächtliche Stadt bis hinaus nach Sanssouci, kehrt auf gleichem Wege zurück und betritt wieder die Kirche, deren Türen sich dann schließen. Das Reiterstandbild im Park von Sanssouci aber soll sich jedes Mal umwenden, wenn der König die Gruft verlässt. [100]

Der „Alte Fritz"

Ein „Volkskönig" in der volkstümlichen Erzählüberlieferung

Zur Ausgangssituation

Unter den deutschen Monarchen nimmt Friedrich II. von Preußen (1712–1786) eine deutliche Ausnahmestellung ein. Die ihm gezollte Anerkennung sowie seine Popularität, die sich in dem Beinamen der ‚Große' ausdrücken, ließen ihn zum Helden einer üppigen Legendenbildung werden. Über ihn existiert eine so ausgedehnte schriftliche und mündliche Überlieferung, dass sie kaum noch überschaubar ist. So haben Historiker in einer ganzen Bibliothek von Biographien und Epochendarstellungen den Monarchen und die friderizianische Zeit zu schildern und zu analysieren versucht.[1] Das volkskundliche Interesse hingegen konzentrierte sich auf die letzte Phase der mündlichen Erzählüberlieferung, die registriert und auch dokumentiert wurde – vor allem in regionalen Sammlungen[2] und in Übersichtsartikeln über den ‚Alten Fritz' in volkskundlichen Lexika.[3] Spezielle, daran anknüpfende Untersuchungen, die zu den Wurzeln der volkstümlichen Überlieferung zurückgehen, sind auch in regionalem Rahmen rar.[4] Sie zeigen jedoch, dass die anstehenden Probleme bei der Person des Monarchen einsetzen.

Friedrich der Große als historische Gestalt

Hier soll natürlich keine Biographie versucht werden. Vielmehr kann die weitverzweigte historiographische Literatur nur insoweit herangezogen werden, als es zur Kennzeichnung der Persönlichkeit Friedrichs II. sowie der Wirklichkeitsbasis seiner Zeit notwendig erscheint[5], auf der das besondere Verhältnis der Preußen zu diesem König, die frühe Anekdotenliteratur und die später greifbare mündliche Überlieferung über den ‚Alten Fritz' erwuchsen.

Friedrich II. war im Grunde schon populär, als er 1840 den Thron bestieg, woran sowohl sein hartes Jugendschicksal wie sein gewinnendes Auftreten entscheidenden Anteil hatten. „Das ganze Volk beklagte und liebte ihn insgeheim", wie der französische Sonderbotschafter Marquis de Beauvau schrieb: „Man trieb einen Kult mit seiner Person und zweifelte nicht, daß seine Herrschaft eines Tages die Glückseligkeit bringen würde."[6] Und der neue Monarch wollte wohl tatsächlich das Beste seines Volkes: So eröffnete er unmittelbar nach dem Antritt der Regierung seinen höchsten Beamten in einem Reskript: „Unsere gröste Sorge wird dahin gerichtet seyn, das Wohl des Landes zu befördern, und einen jeden Unsrer Unterthanen vergnügt und glücklich zu machen. Wir wollen nicht, daß ihr euch bestreben sollet, Uns mit Kränkung der Unterthanen zu bereichern, sondern vielmehr, daß ihr sowohl den Vortheil des Landes, als Unser besondres Interesse, zu eurem Augenmerke nehmet, inmassen Wir zwischen beiden keinen Unterschied machen ..."[7] Ganz in diesem Sinne untersagte er jegliche Schikanen der Bevölkerung durch seine Beamten, Offiziere und Soldaten und unternahm sofort etwas gegen die in einigen Regionen herrschende Hungersnot, verbot (mit Ausnahmen) die Folter, erklärte, dass in Glaubenssachen jeder „nach seiner Façon selig werden" könne, hob (wenn auch nur für kurze Zeit) die Zensur auf, usw. – alles Maßnahmen, die den Erwartungen breiter Bevölkerungsschichten an den neuen Monarchen entsprachen, ja sie zum Teil übertrafen.[8]

Der junge König trat allerdings bei aller äußerlichen Konzilianz von Anfang an als absoluter Herrscher auf, der allein über das Wohl und Wehe seines Volkes, über Krieg und Frieden zu entscheiden habe, und zeigte bald dieselbe Sparsamkeit, denselben administrativen Sinn, der auf alles Einfluss zu nehmen gewillt war, und dieselbe Vorliebe für das Militärwesen wie sein Vorgänger, so dass die anfängliche Euphorie großer Teile der Bevölkerung für den ‚roi charmant' vielfach der Ernüchterung wich.[9] So erregte auch die Tatsache, dass er die Armee seines Vaters noch vergrößerte, Befremden. Doch schon der Kronprinz hatte den Plan gefasst, das preußische Territorium durch die Annexion von Nachbargebieten zu ‚arrondieren'.[10]

So nutzte Friedrich II. die erste sich bietende Gelegenheit, das ererbte große Heer einzusetzen, indem er Ende 1740 in die Thronstreitigkeiten nach dem Tode des deutschen Kaisers Karls VI. eingriff und die österreichische Provinz Schlesien besetzte, um sie nach zwei vom Kriegsglück begünstigten Feldzügen seinem Staat einzuverleiben.[11] Dieses kriege-rische Abenteuer wurde nicht nur im Ausland, sondern auch von der eigenen Bevölkerung abgelehnt. Aber nach der siegreichen Rückkehr des Königs aus dem zweiten Schlesischen Krieg Ende 1745 war der Jubel umso lauter, da sich Teile des Volkes, speziell in Berlin und Brandenburg, mit den militärischen Erfolgen des ‚glorreichen Feldherrn‘ identifizierten. Ihm galt denn auch erstmals der Ruf: „Es lebe Friedrich der Große!"[12]

In der anschließenden Friedenszeit, in der Friedrich II. sein Augenmerk stärker auf die Förderung der Wirtschaft und des ‚allgemeinen Wohlstands‘ richtete, begann jedoch auch das Bild des Königs im Frieden Konturen anzunehmen. Besonders die materielle Unterstützung von Gewerbetreibenden, die Ansetzung Tausender von Siedlern in den zuvor urbar gemachten Sümpfen und Mooren und die Behandlung auch der katholischen Bewohner Schlesiens als ‚Landeskinder‘ machten von sich reden.[13] Und da der König nun alljährlich Inspektionsreisen durch seine Provinzen unternahm, bekam ihn das Volk nicht nur zu Angesicht, sondern lernte ihn bei aller Distanz, die er stets wahrte, auch als eine Art ‚Landesvater‘ kennen.[14] Am liebsten freilich hielt sich der König in seinem neuerbauten Sommerschloss Sanssouci auf, wo er – nach der täglichen Regierungsarbeit – im Kreise ausgewählter Gäste, speziell in der berühmt gewordenen ‚Tafelrunde‘, eine Art Kult um seine Person inszenierte.[15]

Der dritte, diesmal siebenjährige Krieg (1756–1763), den Friedrich II. vom Zaune brach, um einer gegen ihn gerichteten großen Koalition aus Österreich, Frankreich, Russland und Schweden zuvorzukommen,[16] brachte jedoch unsägliches Leid auch über die Bevölkerung Preußens, das nun selbst zum Kriegsschauplatz wurde. Der König konnte nicht verhindern, dass trotz anfänglicher Erfolge selbst die Hauptstadt den feindlichen Truppen zweimal die Tore öffnen musste und dass das Gebiet östlich des unteren Oderlaufs jahrelang von russischen Truppen besetzt war. Und er entging nur deshalb einer vernichtenden Niederlage, weil Russland, der wichtigste Verbündete Österreichs, nach einem Thronwechsel aus der Koalition ausschied.[17]

Aber spektakuläre Siege wie die von Roßbach und Leuthen über doppelt so starke Gegner (1757) vermochten ein Art nationaler Hochstimmung im protestantischen Gebiet auszu-lösen;[18] und der König wurde nach jeder gewonnenen Schlacht von seinen Soldaten gefeiert.

Gewiss, ein Teil der Truppe, der zum Dienst gepresst war, nutzte vielfach die erste sich bietende Gelegenheit, um zu desertieren. Andererseits herrschte unter den Soldaten jedoch auch ein gewisser Stolz, unter dem als Feldherr so berühmten König zu dienen, was sie die Mühsal des Krieges leichter ertragen und immer wieder mit Todesmut, auch gegen eine wachsende Übermacht, kämpfen ließ.[19] Und die ‚Landeskinder‘ in Uniform, die den Krieg lebend überstanden, wussten davon manches zu erzählen. Denn nach dem für Preußen glücklichen Ausgang des Krieges umgab den König der Nimbus eines Feldherrn, der sich siegreich „gegen eine Welt von Feinden" behauptet habe.[20]

Aber der Krieg hatte das Land verheert. Die Wirtschaft lag darnieder, und die um ein Zehntel geschrumpfte Bevölkerung verfügte oft nicht mehr über das Notwendigste.[21] So traf der König sofort weitreichende Verfügungen für die Beseitigung der Kriegsfolgen, ließ aus Armeebeständen Pferde und Saatgut an bedürftige Bauern verteilen, schoss aus der Staatskasse Geld für den Wiederaufbau zerstörter Dörfer und Städte vor,[22] öffnete das Land für Zuwanderer aus ganz Europa, um den enormen Bevölkerungsverlust auszugleichen,[23] usw. Dennoch waren große, in den einzelnen Provinzen unterschiedliche Anstrengungen und Opfer der Bevölkerung notwendig, die angesichts der allgemeinen wirtschaftlichen Stagnation das Leistungsvermögen der Betroffenen oft überstiegen. Obwohl jede Hand gebraucht wurde, waren viele ohne Lohn und Brot.[24] Auch der Dienst in der nach wie vor großen Armee, in der eine extrem eiserne Zucht herrschte, war wenig attraktiv.[25] Hinzu kam, dass Friedrich II. französische Steuereintreiber ins Land holte, die die Bevölkerung bedrückten. Dementsprechend herrschte vielfach Unzufriedenheit, die sich auch freimütig artikulierte: „Adel und Offiziere drücken sich zwar schonend aus", beobachtete ein prominenter Engländer in Berlin, „aber das Volk und die Soldaten schimpfen auf die Regierung so frei und offen, wie man es in London kaum dulden würde."[26]

Offenbar machte man jedoch nicht den König für die wirtschaftlichen und sozialen Zustände im Lande verantwortlich, sondern glaubte im Gegenteil, dass er mit Rat und Tat helfe, wenn er könne.[27] Besonders seine Verordnungen gegen das Bauernlegen und die allzu drückende Fronarbeit der Bauern[28] sowie die Tatsache, dass er die in der Vorkriegszeit üblichen Inspektionsreisen durch das Land wieder aufnahm, auf denen er nicht nur die

Truppen und die Beamten inspizierte, sondern auch jedermanns Beschwerden und Bittge-suche entgegennahm,[29] machten glauben, dass ihm das Wohl seiner 'Untertanen' am Herzen liege. Und da auch die Eingaben, die den alternden König in der Residenz erreichten, prompt und nach Möglichkeit hilfreich beantwortet wurden, entstand der Eindruck, dass er besonders für die Nöte der unteren Sozialschichten ein offenes Ohr habe.[30] Vor allem der Fall des vorgeblich unschuldigen Müllers Arnold, dessen berechtigte Verurteilung Friedrich II. auf-hob und gleichzeitig in einem Akt von Willkür die Richter auf die Festung schickte, machte Furore, so dass sich gerade die Rechtlosen und Geknechteten im Glauben an die Gerechtigkeit des Königs bestätigt sahen.[31] Dieses scheinbare Eintreten für das Recht der Armen sprach sich herum und ließ das Wirken des Königs, der mehr und mehr aus dem Kabinett heraus regierte, auch dann noch allgegenwärtig erscheinen, als seine zunehmende krankheitsbedingte Selbstisolierung in den Schlössern zu Potsdam ihn für das Volk weitgehend unsichtbar werden ließ.

Zur Ausstrahlung Friedrichs II.

Überdies faszinierte auch die Person Friedrichs II., denn er besaß zweifellos eine besondere Ausstrahlungskraft: „Seine Stimme ist sanft und rührend, so daß sie auf große Bescheidenheit schließen läßt, ja sogar auf etwas Schüchternheit, zumal wenn er zu sprechen beginnt oder mit jemandem zum ersten Male spricht; das trägt nicht wenig dazu bei, ihm die Herzen zu gewinnen, wenn er bestricken will", wie der schon genannte Marquis de Beauvau über den jungen König urteilte.[32] Immerhin bemerkte ein Zeitgenosse, der Baron Friedrich von Bielfeld, mit erklärlichem Erstaunen: „Sobald man den König erblickt, ist das Jubelgeschrei ohne Ende."[33]

Während der Kriege ebbte die Begeisterung deutlich ab, obwohl sich die Blicke weiter auf den König richteten: „Die Siege, die Großthaten, die Unglücksfälle, die Wieder-herstellungen folgten auf einander ...; immer aber schwebte die Gestalt Friedrichs, sein Name, sein Ruhm in kurzem wieder oben", erinnerte sich der damals „fritzisch gesinnte" Johann

Wolfgang Goethe: „Es war die Persönlichkeit des großen Königs, die auf alle Gemüther wirkte."[34] Vor allem die Aufsehen erregenden Siege Friedrichs II. bei Roßbach und Leuthen begründeten einen Feldherrnnimbus, der ganz Deutschland in seinen Bann schlug. Überall sang man:

Und kommt der große Friederich
und klopft nur auf die Hosen,
so läuft die ganze Reichsarmee,
Panduren und Franzosen. [35]

Wahrscheinlich bestand die „bedeutendste charismatische Wirkung" des königlichen Heerführers jedoch weniger in der Tatsache dieser Siege, als darin, dass er „die zwischen Offizieren und Soldaten bestehenden Schranken durch die Teilhabe an allen Gefahren und Entbehrungen durchbrach".[36] Die Soldaten registrierten sehr wohl, dass der König die Entbehrungen und Strapazen des Krieges mit ihnen teilte und sich auch während der Schlachten nicht schonte, sondern oft dem dichtesten Kugelhagel aussetzte.[37] Vielfach wird berichtet, dass selbst „der gemeine Kriegsknecht mit abgöttischer Liebe" an ihm hing: „Alle Unbilden, Launen und Leiden waren vergessen, wenn der Königliche Feldherr unter seinen Leuten weilte, sich von ihnen mit ‚Fritze' oder ‚Vater' duzen und kleine Vertraulichkeiten, ja derbe Erwiderungen ohne Stirnrunzeln hingehen ließ."[38] Das wirkte nach, obwohl die Heldenverehrung des Volkes unter den langen Leiden des Krieges sicher nachließ und erst im Nachhinein wieder auflebte.

Größere Popularität als der Ruhm, auch den Siebenjährigen Krieg gewonnen zu haben, verschaffte Friedrich II. aber wohl sein friedliches Wirken. Das begann schon in der Zeit zwischen den Kriegen (1745–1757), als er sich sichtlich mehr um das Gemeinwohl kümmerte sowie häufiger, und zwar ‚huldvoll', in der Öffentlichkeit sehen ließ als seine Vorgänger, so dass der naive Monarchismus der Bürger – bei allem Respekt – in ihm so etwas wie einen

‚Volkskönig' zu entdecken glaubte.[39] Des Königs großzügige Unterstützung beim Wiederaufbau nach dem Siebenjährigen Krieg und seine spätere Hilfe bei wirtschaftlichen Problemen
und bei Hungersnöten bestätigten diesen Eindruck, weshalb man das Wohl des Volkes in der
öffentlichen Meinung weithin mit seinem Tun verbunden sah.[40]

Entscheidend für sein persönliches Ansehen im Volk waren wohl vor allem seine Fähigkeit,
ganz unkonventionell in der Redeweise des gemeinen Mannes Zugang zu den unteren Sozialschichten zu finden[41], sowie die von ihm 1744 eingeführte Bittstellerpraxis, die es jedem
‚Untertan' erlaubte, sich mit seinem Anliegen direkt an den König zu wenden und ihm auch
Beschwerden über die Obrigkeit vorzutragen. Die trotzige Drohung „Ich gehe zum König!"
war in aller Munde; und dass dieser jedem der zahlreichen Bittsteller Gehör schenkte, schuf ein
Vertrauensverhältnis zwischen Volk und Monarch, wie es zu dieser Zeit einmalig gewesen sein
dürfte.[42] So erschien er vielen als der im Grunde einzige Anwalt der Armen, die in Scharen
nach Potsdam kamen, um ihm Ovationen darzubringen und Bittschriften zu überreichen.[43]

Natürlich gab es auch vielfach berechtigten Unwillen über den Preußenkönig, scharfe Kritik
an ihm und selbst Häme. Vor allem im Widerstreit des Siebenjährigen Krieges hatten sich die
unterschiedlichsten Meinungen über ihn herausgebildet. Die Negativurteile kamen aber vor
allem von außen, vorrangig aus Österreich und Frankreich, sowie aus Kreisen des Offizierskorps
und der höheren Beamtenschaft, die sich von ihrem Dienstherrn reglementiert fühlten und
unter der unberechenbaren Autorität des früh alternden Königs litten, so dass Goethe sich 1778
in Berlin erregte, er „hab' über den großen Menschen seine eigenen Lumpenhunde räsonnie-
ren hören".[44]

Aber so viel auch gemurrt werden mochte – in den Augen des Volkes war der König
offensichtlich so beliebt, dass er wenig oder nichts von der ihm entgegengebrachten Gunst
verlor.[45] Georg Forster, der kritische Publizist, brachte es gewissermaßen auf den Punkt, als
er 1779 in Berlin war und verärgert bemerkte, „daß alle, bis auf die gescheitesten und einsichts-
vollsten Leute, den König vergöttert und so närrisch angebetet haben, daß selbst, was falsch,
unbillig und wunderlich an ihm ist, schlechterdings als vortrefflich übermenschlich preniert
werden muß".[46] „Wenn Friedrich unter seinen Unterthanen erschien, war es, als ob ein
Vater zu seinen Kindern komme", heißt es resümierend in einer anderen, sehr königstreuen

Darstellung.[(47)] Das ist sicher überzogen. Aber alle zeitgenössischen Quellen schildern eindrücklich, wie das bloße Erscheinen des alten, kranken und schlecht gekleideten Königs in der Öffentlichkeit alle, die es – und sei es aus bloßer Schaulust – erlebten, nicht nur interessierte, sondern in merkwürdiger Weise beeindruckte und berührte, ja wie ein wundersames Ereignis faszinierte.[(48)]

Darum löste wahrscheinlich auch sein Tod unter großen Teilen der Bevölkerung wirkliche, echte Trauer aus. So berichtet ein Zeitgenosse: „Ich war in Paris, da Ludwig XV., und in Wien, da die große Maria Theresia starb. Beide wurden von ihrem Volk allgemein betrauert; aber eine solche Klage und Betrübnis, als ich in Berlin über den Tod des verstorbenen Königs gesehen habe, habe ich noch nicht erlebt. Jung und alt, Vornehme und Geringe können sich von der Betäubung und dem Schmerz noch nicht ganz erholen ...“[(49)]

Zur Legendenbildung um Friedrich den Großen

Da nimmt es nicht wunder, dass es früh zur Legendenbildung um Friedrich den Großen kam, wie er nach dem Siebenjährigen Krieg allgemein genannt wurde. Gewiss – das Interesse der Nachwelt galt mehr seiner Person und seinen Taten als seinem Echo im Volk. Dabei war der König, wie ihn die ‚Untertanen‘ sahen: siegreich, unermüdlich tätig, für jeden zugänglich und um Gerechtigkeit bemüht, in seiner schlichten, anspruchslosen Erscheinung und oft leutseligen Art längst zu einem Idol geworden, um das die Gedanken kreisten.[(50)] In den letzten Lebensjahren gab die fast einsiedlerhafte Zurückgezogenheit in Potsdam dem von Alter und Gebrechen gekrümmten, schwer leidenden Monarchen zudem etwas Dämonisch-Mythisches, das die Phantasie zu Spekulationen anregte[51], und das Heroische, „das Groteske, das Donquijotehafte seines Daseins trug dazu bei, seine Figur zu vergrößern und volkstümlich zu machen“.[(52)]

Daran hatte der König durchaus seinen Anteil. Die friderizianischen Kriegsberichte, geschrieben unmittelbar nach der Schlacht, in den Kirchen verlesen und in den Zeitungen gedruckt, verbreiteten das Bild eines Heros, der unüberwindlich erschien.[(53)] Das Eingehen des Königs auf die zahlreichen Bittsteller und der vermittelte Glauben, dass die namhaften Geldmittel, die er verteilte, aus seiner Privatschatulle stammten, ließen den Eindruck entstehen, dass er in einmalig selbstloser Weise um das Wohl eines jeden seiner ‚Untertanen‘ besorgt sei.[54] „Die überragende Bedeutung, die ihm die Natur verliehen hat, und die Unnahbarkeit, die er zur Schau trägt, lassen ihn seinen Untergebenen als Gott erscheinen ...“, schrieb der englische Gesandte James Harris um 1775 über den König, der sichtlich schon zu Lebzeiten zur Legende geworden war.[55] Zugleich hing „sein Bild mit dem hinunter-gezogenen Mund, den glanzblauen Augen und dem dreieckigen Hut, mit Krückstock, Stern, Fangschnur und Kanonenstiefeln“ in fast jedem Haus und machte ihn den Menschen ver-traut.[56] Er war deshalb irgendwie allgegenwärtig, und es lag nahe, dass man über ihn erzählte, was man wusste.

Zur frühen Anekdotenüberlieferung über Friedrich den Großen

Die in den ‚höheren Ständen‘ kursierenden Geschichten über Friedrich den Großen erschienen so interessant, dass sie bereits kurz nach seinem Tode in mehreren umfangreichen Anekdotensammlungen aufgefangen und gedruckt wurden. Den Anfang machten die dem Verleger Unger zugeschriebenen „Anekdoten und Karakterzüge aus dem Leben Friedrich des Zweiten“[57], gefolgt von Anton Friederich Büschings Werk „Charakter Friederichs des zweyten, Königs von Preußen“[58], Friedrich Nicolais „Anekdoten von Friedrich II. von Preußen“[59] usw. Die Fülle der hier gebotenen Anekdoten ist nur erklärbar, wenn man einen entsprechenden Fundus mündlicher Erzählungen voraussetzt, die in mehreren Jahrzehnten des Entstehens und der Überlieferung einen hohen Bekanntheitsgrad erreicht hatten.

Die meist eingängigen, als selbstverständlich wahr berichteten Anekdoten belegen allerdings, wenn auch oft erst auf den zweiten Blick, ziemlich deutlich, dass sie mehr oder minder auf Glorifizierung hin angelegt waren und deshalb ein weithin verklärtes Herrscher- und Zeitbild vermitteln. Diese Anekdotenliteratur, die auf ein offenbar vorhandenes Käuferinteresse zielte, fand ihre Leser und gelegentlichen Nacherzähler vermutlich vor allem in der Bildungsschicht.

Angesichts der Volkstümlichkeit des Monarchen dürfte sich mehr oder minder parallel dazu allerdings auch ein gewisser Fundus von Anekdoten und Schwänken über ihn im mündlichen Erzählen der unteren Sozialschichten gebildet haben, wobei offen bleibt, ob die Sujets zum Teil mit denen in der genannten Literatur korrespondierten.

Der „Alte Fritz" – Anekdotenliteratur und Volkserzählung

Die wenigen greifbaren Teilnachdrucke aus den durchgesehenen Anekdoten-Anthologien des 18. Jahrhunderts im 19. und frühen 20. Jahrhundert[60] scheinen keinen entscheidenden Einfluss auf die mündliche Überlieferung gehabt zu haben. Allerdings bleibt noch aufzuhellen, ob und inwieweit die seit dem 18. Jahrhundert für den Druck gebündelten Anekdoten im späteren popularen Schrifttum, wie Kalendern, Almanachen, Schulbüchern usw., kolportiert wurden, auf diese Weise zur Kenntnis breiterer Bevölkerungskreise gelangten und hier das Wissen um den ‚Alten Fritz' und die Geschichten über ihn wach hielten. Dass es geschah, kann jedoch als sicher gelten. Immerhin lassen sich noch am Ende des 19. Jahrhunderts, als die volkskundlichen Sammler sich für dieses Erzählgut zu interessieren begannen, motivische Parallelen feststellen, die auf einen Zusammenhang zwischen Mündlichkeit und Schriftlichkeit in der Erzähltradition über den Preußenkönig hinweisen.

Die Fälle, in denen gedruckte Anekdoten des 18. Jahrhunderts noch dem Sujet nach deutlich kenntlich in der Volksüberlieferung Norddeutschlands[61] wiederkehren, sind allerdings relativ selten. So finden sich aus der thematisch und hinsichtlich des Sujetfundus weitgreifenden Sammlung „Anekdoten und Karakterzüge aus dem Leben Friedrich des Zweiten" (1786 ff.) im nordostdeutschen Erzählgut über den ‚Alten Fritz' z. B. die Erzählungen vom Edelmann mit dem unaussprechlichen Namen[62], vom ungläubigen Pastor, der die Hölle ablehnt (und dennoch nicht abgesetzt wird)[63], vom Hauptmann, der bei einer Parade versagt hat (aber rehabilitiert wird)[64], vom Pfarrer, der Futter für ein Reitpferd fordert (aber auf die Bibel verwiesen wird)[65] und vom jungen stellungslosen Prediger, der vom König auf die Probe gestellt wird (worauf er ihm eine Pfarre verschafft).[66] In der „Charakteristik

Friedrichs des Zweiten" (1798) von Christian Stein[67], der zahlreiche Anekdoten Ungers nachdruckt, habe ich auch das Sujet von dem dichtenden Leutnant in Friedrichs Heer gefunden, an dem sich anschaulich Vorgang und Ergebnis der Übernahme in die mündliche Überlieferung verfolgen lassen. – So lautet der in seiner lakonischen Aussage charakteristische Text bei Stein:

Bei dem ersten Bataillon Garde stand ein gewisser Lieutnant von Born, der sich den Dienst so wenig angelegen sein ließ, daß er bald um dieses, bald um jenes Versehens willen im Arrest saß, so daß er dessen endlich so überdrüssig ward, daß er dem Könige in einer Bittschrift den Wunsch vortrug, zu einem Feldregiment als Hauptmann gesetzt zu werden. – Der Monarch las sie lächelnd und schrieb eigenhändig darunter:

> *„Auf diesem Rund der Erden*
> *Kann aus uns beiden nichts mehr werden.*
> *Dieses schreibt im Zorn*
> *An den Lieutnant Born   Friedrich."*[68]

Hier ist Friedrich der Große – analog zur Wirklichkeit – ganz als der autoritär-souveräne Herrscher geschildert, der den ihm untergebenen Offizier überlegen und gewollt witzig abfertigt, wobei zugleich auf die fast krankhafte Reimsucht des Königs angespielt wird. – Im Sujetkern weithin gleich, doch ganz anders ausgeformt erscheint die volkstümliche Erzählung im vorliegenden Band (Nr. 65). Hier ist der Leutnant nicht mehr der Düpierte, den der König dichtend zurechtweist, sondern jemand, der sich dem Monarchen in Dichtkunst und Schlagfertigkeit überlegen erweist. Der ‚Alte Fritz' ist im Grunde der gleiche wie in der frühen Anekdote, aber er steht nicht mehr im Mittelpunkt, sondern der Offizier. Die Erzählung bringt den König jedoch menschlich näher und heroisiert ihn zugleich. Das Geschehen hat noch etwas Anekdotisches, und es könnte sich auch wirklich zugetragen haben wie das des frühen Belegs, der Wirklichkeit suggeriert. Man könnte daher – auch hinsichtlich der Sprache – einwenden, dass der Text noch eher an eine Honoratiorenanekdote als an eine Volkserzählung erinnere. Wir wissen bisher nicht, wo und wann es zu dieser

Akzentverschiebung kam. Die Geschichte ist jedoch in dieser Version seit dem Ende des 19. Jahrhunderts nicht nur hochdeutsch, sondern auch in der Mundart, aus dem Munde ‚einfacher Leute‘, mehrfach belegt, so dass kein Zweifel besteht, dass sie Bestandteil der Volksüberlieferung geworden ist.[69]

Einige andere Volkserzählungen des 19./20. Jahrhunderts gehen auf Grund bestimmter inhaltlicher Züge zwar letztlich auch auf die Anekdotenliteratur des 18. Jahrhunderts über Friedrich den Großen zurück, weisen aber einen so stark veränderten Inhalt auf, dass keine direkte oder indirekte Übernahme mehr anzunehmen ist. Die Mehrzahl der im 19./20. Jahrhundert mündlich kursierenden Geschichten über den ‚Alten Fritz‘ ist jedoch nicht literarischen Ursprungs, sondern geht entweder auf die nicht erfasste Volksüberlieferung der friderizianischen Zeit zurück, die – von außen unbemerkt – über die Jahrzehnte oral tradiert wurde, oder ist jüngeren Datums.

Zum einen wurden gängige Stoffe der Volkserzähltradition, in denen gemeinhin andere Gestalten auftreten, auf die Person des Monarchen bezogen. Das begann laut Friedrich Ludwig Jahn bereits vor 1800: „Im Vaterlande und Auslande wurden nun bald alle Begebenheiten, welche Volkssagen fortpflanzten, auf den großen König übertragen. ... Auf Reisen durch Preußen und Deutschland habe ich in verschiedenen Ländern die Volkssage erzählen gehört, welche der treffliche Bürger in seinem Abt von S. Gallen verewigt hat. In Preußen und angrenzenden Landen ist der Kaiser aus diesem lustigen Mährchen verschwunden; Friedrich der Große ist an seine Stelle gekommen, aber der Geistliche und der Schäferknecht haben sich behauptet.“[70] Neben dem Schwank von Kaiser und Abt[71] wären als weitere schlagende Beispiele für diesen Austausch zu nennen: die ebenfalls bekannten Erzählungen von den doppelten Prügeln im Nachtquartier[72], von dem komischen Geplänkel zwischen Bauer und Gutsherr[73], von König und Soldat in der Räuberhöhle[74] oder von den Streichen des Meisterdiebs.[75] Der legendäre ‚Alte Fritz‘, von dem so viel erzählt wurde, erwies sich als eine Kristallisationsgestalt, die geradezu magisch Erzählgut anzog, das auf ihn übertragbar erschien.

In welchem Maße hier die Phantasie tätig war, zeigen aber auch die (zum Teil recht derben) Geschichten, die offenbar bis ins 20. Jahrhundert hinein neu entstanden sind und oft nur in Einzelbelegen vorliegen.[76]

Wenn man rückschauenden Verallgemeinerungen glauben darf, waren allerdings schon im 18. Jahrhundert „fritzische Anekdoten ... der beliebteste Unterhaltungs- und Gesprächsstoff für jung und alt, für hoch *und* niedrig“.[77] Und es scheinen sich auch schon früh Spezialisten für dieses Erzählgut herausgebildet zu haben, die es lebendig erhielten. So heißt es etwa in dem Brief eines Offiziers an den Dichter Johann Ludwig Wilhelm Gleim aus den 1760er-Jahren: „Die beiden Heyducken [Friedrichs des Großen] waren meine Landesleute aus Ermsleben, ich sagte dem einen meine Anmerkungen über den großen König, und hörte dagegen von ihm manche Anekdoten, die ein künftiger Preußischer Plutarg fürtrefflich nutzen könte.“[78] Ebenso kennzeichnend ist die Schilderung eines Heimkehrers aus den Befreiungskriegen 1813/15: „Unser Wirth nahm uns in seine armselige ... Wohnung, und das Erste, was er uns zeigte, war: an der Stubenthür ein eingeräucherter Bilderbogen mit dem alten Fritz und ringsherum eine gedruckte Beschreibung seiner Thaten. ‚Ja, ja, ihr Jungens‘, sagte der Alte ganz vergnügt, ‚unter dem hab’ ich noch mitgemacht ...‘ Und nun konnte der alte Grenadier aus Friedrich’s Zeit kein Ende finden, uns von dem großen Könige ... zu erzählen. – ‚Wenn ich‘, sagte die freundliche Wirthin ..., ‚nicht meinen Alten zuletzt zum Schweigen bringe, so erzählt er Ihnen bis morgen früh von seinem alten Fritzen.‘ – ‚Ja, und von dem‘, fiel ihr der Vater in die Rede, ‚wird sein Lebtag keiner auserzählen.‘“[79] – Das sollte sich bewahrheiten.

Leider können wir das, was tatsächlich erzählt wurde, erst im späten 19. Jahrhundert fassen – und dann bleiben wieder die Erzähler im Dunkeln. Die Texte der damaligen volkskundlichen Sammlungen stammten zwar vermutlich überwiegend aus dem Munde ‚einfacher Leute‘, wurden jedoch von den meist akademisch gebildeten Aufzeichnern: Lehrern, Pastoren, Verwaltungsbeamten usw., für den Druck nach dem Beispiel der Brüder Grimm stilistisch überformt[80], so dass von daher Rückschlüsse auf die Erzähler schwierig sind.

Der Pommer Ulrich Jahn, dessen Sagen- und Märchensammlung schon eine beachtliche thematische Breite der Erzählungen über den ‚Alten Fritz‘ ausweist[81], betont jedoch, dass seine Gewährsleute dem ‚vierten Stand‘ angehörten. Und Friedrich der Große ist die einzige Gestalt, auf die Jahn näher eingeht: Er nehme „in Sage und Märchen[82] des pommerschen Volkes dieselbe Stellung ein, wie Harun Arraschid in Tausend und eine Nacht. Uralte Märchen werden auf ihn übertragen, häufig ist ihm darin die Hauptrolle zugedacht, und niemals sieht man bei Groß und Klein vergnügtere, frohere Gesichter, als wenn der Erzähler beginnt: ‚Jetzt soll's einmal ein Stück vom alten Fritz geben.'"[83]

Die intensive Sammeltätigkeit von Richard Wossidlo[84] bestätigt, dass diese Vorliebe für Geschichten über den ‚Alten Fritz' um die Jahrhundertwende auch unter den ‚einfachen Leuten' in Mecklenburg bestand, freilich ohne dass sich einzelne Erzähler herausheben. Doch in Westfalen konnte Josef Winckler offenbar einen beeindruckenden Geschichtenerzähler ermitteln, den er als Schneider Börnebrink mit seinen originellen, wahrscheinlich jedoch für den Druck stilisierten Erzählungen über den ‚ollen Fritz' vorstellte.[85] Und Hugo Stübs berichtet aus dem pommerschen Weizacker, dass man dort noch in den 1930er-Jahren viel vom ‚großen Friedrich' zu erzählen wusste, der nach dem Siebenjährigen Krieg beim Aufbau der zerstörten pommerschen Dörfer geholfen habe.[86]

In zwei Erzählern von solchen Geschichten, die Stübs ausfindig machte, haben wir tatsächlich ausgesprochene Erzählerpersönlichkeiten vor uns, wie sie anscheinend für die mündliche Weitergabe dieses Erzählguts charakteristisch waren. Von dem 72-jährigen Landarbeiter Wilhelm Kanzenbach in Lettnin stammen acht[87], von dem 65-jährigen Bauern Wilhelm Matthias in Wobbermin sogar zwölf Texte[88], in denen der Preußenkönig auftritt. Ein Volkserzähler von ähnlichem Format wie Kanzenbach, von dem Stübs sagt, er sei „ein begnadeter Erzähler ..., von dem über 100 Geschichten aufgezeichnet werden konnten"[89], war auch der über 60-jährige mecklenburgische Arbeiter August Rust in Cammin, der in den späten 1950er-Jahren noch acht Geschichten über ‚König Fritz' mitzuteilen wusste.[90]

Diese Aufzeichnungen aus dem 20. Jahrhundert, überwiegend Mundarttexte, bieten Volkserzählungen in inhaltlich und sprachlich authentischer Gestalt und vermitteln dadurch einen Eindruck davon, wie die Geschichten über den ‚Alten Fritz' in neuerer Zeit im ‚Volksmund' aussahen. Wenn auch meist wohl nicht den Wortlaut, so doch den Inhalt des Erzählten geben freilich auch die Belege aus dem späten 19. Jahrhundert (mehr oder minder getreu) wieder, so dass sie hier in die Betrachtung der mündlichen Überlieferung mit einbezogen werden können. Dabei fällt auf, dass in den Volkserzählungen das Bild Friedrichs des Großen, wie es die Anekdotenliteratur des 18. Jahrhunderts zeichnet, weitgehend wiederkehrt. So wird z. B. (in Text Nr. 52) geschildert, wie er sich auf Inspektionsreisen durch das Land begibt:

> *Der alte Fritz fuhr einmal über Land, um nachzuschauen, wie es seinen Unterthanen ginge. Den Kopf hatte er voller Sorgen, denn es stand nicht allenthalben ganz so gut, wie er es wohl wünschte. ...*

Hier, in dem auf den ‚Alten Fritz' übertragenen Rätselmärchen von Kaiser und Abt, erscheint der König ähnlich, wie er sich Geistlichen gegenüber wohl tatsächlich zu verhalten pflegte: nahezu feindselig und in der Konsequenz rigoros. Das geschilderte Geschehen ist freilich durch den Erzähltyp schon weitgehend vorgegeben und richtet sich bereits insofern gegen den Pfarrer, als dieser sich als dümmer entpuppt als sein Kandidat. Die eigentliche, auf die historische Gestalt des Königs bezogene Aussage steckt jedoch in den zitierten ersten beiden Sätzen, in denen der ‚Alte Fritz' als der um seine ‚Untertanen' besorgte Monarch auftritt, wie ihn die Erzähler aus der schriftlichen und wohl auch mündlichen Überlieferung kannten.

Zu den überlieferten Vorstellungen über den König gehörte, dass er auf seinen Reisen nicht nur alles bemerkte und bedachte, sondern auch ein Herz gerade für das einfache Volk hatte. So nimmt denn ‚König Fritz' auch in der mündlichen Überlieferung bei aller Strenge, mit der er sich umsieht, die Beschwerden und Supliken der Leute entgegen, die in Not sind oder sich unterdrückt fühlen.[91] Hier reagiert der Monarch ganz so, wie es die Supplikanten in den Erzählungen erwarten, wie es die Überlieferung vorgibt – und wie es die Erzähler möchten. Die Gerechtigkeitsliebe, die dem ‚Alten Fritz' zugeschrieben wird, äußert sich darin, dass er den Bedrängten und Geschädigten hilft, indem er dem natürlichen Rechtsempfinden folgt und keinerlei Standesrücksichten nimmt, wie sie der feudalen Gerichtspraxis unterstellt werden. Auch für seine Soldaten, denen er in jeder Situation zur Seite steht[92], erscheint der König vielfach als letzte helfende Instanz, wobei sein Eingehen auf die Bitte des österreichischen Invaliden (Text Nr. 96) den Erzählern selbst als Extremfall erschienen sein dürfte.

Man könnte eine ganze Reihe von Beispielen anführen, die belegen, dass sich in den mündlichen ‚König-Fritz'-Erzählungen des 19. und 20. Jahrhunderts einerseits inhaltliche Züge und Anschauungen der Anekdotenliteratur des 18. Jahrhunderts wiederfinden und andererseits die Erlebnis- und Denkwelt der späteren Erzähler widerspiegelt, die das überlieferte Bild des ‚Alten Fritzen‘ zu ihrem Bilde von einem volksnahen ‚König Fritz‘ weiter ausformten, wobei sich zahlreiche individuelle und regionale Nuancierungen ergaben. Meist wird nur ganz kurz die Ausgangssituation in der Residenz, auf Reisen oder bei den Soldaten angedeutet, und sofort setzen die Handlung oder der Dialog des jeweiligen Sujets ein:

König Fritz liebte es, als gemeiner Soldat verkleidet sich unter seine Soldaten zu mischen. So fand er einst einen Soldaten, der hatte alle Abend viel Geld, und niemand wußte, wo er es her hatte. König Fritz hielt sich nun an diesen Soldaten und sprach zu ihm: „Morgen Abend mußt du mich freihalten.“... (Text Nr. 83)

Das solchen Anfängen folgende Geschehen weist zum Teil Wirklichkeitsparallelen auf, die schon vom Sujet her angelegt sind. So illustriert z. B. die mitgeteilte schwankhafte Erzählung über den dichtenden Leutnant deutlicher als die ursprüngliche Anekdote die willkürliche Behandlung der Offiziere durch den König, die er nach Belieben beförderte, degradierte oder entließ. In ähnlicher Weise spiegeln auch die Erzählungen über seine Inspektionsreisen, über sein Auftreten gegenüber seinen ‚Untertanen‘, über seine Reaktion auf Bittgesuche usw. noch nach 150 Jahren im mündlichen Erzählen etwas von der Regierungspraxis des Königs wider, soweit diese den Erzählern nachvollziehbar war.

Wichtig ist jedoch die Feststellung, dass die Realitätsbezüge in der Regel den Handlungsrahmen, die Revuereisen oder die militärischen Inspektionen an sich, betreffen, das geschilderte Geschehen selbst aber natürlich mehr oder minder fiktiv und zumeist auf einen komischen Effekt hin ausgerichtet ist. Das betrifft schon das aus den Revuereisen abgeleitete Motiv des interessierten Monarchen, der verkleidet über Land wandert, um sich in seinem Reiche umzusehen. Gewiss sind in die Darstellung auch realistische Züge oder zumindest Details mit eingeflossen: etwa dass der König – wie tatsächlich bezeugt – auf seinen Reisen jedermann anspricht, dessen Klagen oder Beschwerden anzuhören geneigt ist[93], Bittsteller im Schloss persönlich empfängt[94], sich gelegentlich herablassend zu seinen Soldaten zeigt[95], usw.

Doch dass der Monarch sich in Gesprächen mit seinen ‚Untertanen' aufs Rätselraten einließ[96], auf Reisen beim Bauern auf Stroh schlief[97], Besuchern auf deren Bitten Prügel zusagte, damit diese an bestechliche Schlossdiener ausgeteilt werden konnten[98] usw., das ist höchst unwahrscheinlich. Hier sind die Grenzen des Anekdotischen, das Glauben oder noch Glauben verlangt, weit überschritten, wenn sich das schwankhafte Geschehen auch noch im Rahmen des denkbar Möglichen bewegt, so dass es von manchen Erzählern auch mit einer gewissen Gläubigkeit als Bericht von wirklich Geschehenem vorgebracht wurde.

Nicht erst in der späteren Überlieferung, sondern schon zu dessen Lebzeiten schrieb man dem König auch übernatürliche Fähigkeiten zu. Vor allem seine Soldaten, die ihn im Kampfgetümmel der Schlachten erlebten, waren davon überzeugt, dass er kugelfest sei, und er selbst glaubte spätestens seit der mörderischen Schlacht von Soor (1744) auch daran. So wurden auch seine Siege in manchen Schlachten, in denen sein Heer in scheinbar auswegloser Situation mehrfach überlegene Gegner in die Flucht schlug, einerseits seinem Feldherrntalent zugutegehalten, andererseits seinem Gebrauch magischer Kräfte zugeschrieben.[99] Der im Alter äußerlich so unscheinbare, aber augenscheinlich bewunderte und beliebte Monarch stieg in der Erinnerung der Nachwelt zu einem mythischen Heros auf, dem man letztendlich alle guten, heldischen und ins Zaubrische ausgreifenden Taten zutraute.[100]

Wichtiger erschien er Zeitgenossen und Späteren jedoch als die einzige Autorität, die als Helfer der Armen und Unterdrückten zu fungieren vermochte, so dass man mehr oder weniger respektvoll zu ihm aufschaute. Das klingt am Anfang einer Erzählung (Text Nr. 36) sehr pointiert an:

Dem alten Fritz lag nichts mehr am Herzen, als sein ganzes Volk von Grund aus kennen zu lernen, damit er es dann umso besser regieren könne. Aus dem Grunde zog er sich häufig schlechtes Zeug an und sprach darauf in dieser Verkleidung bei dem gemeinen Manne vor. Denn wenn er in königlicher Pracht und Herrlichkeit gekommen wäre, so hätten sich die Leute aus Furcht und Verlegenheit doch nicht so gezeigt, wie sie eigentlich waren. ...

Diesen König empfanden Erzähler und Hörer durchaus als einen der Ihren, dem man sich – bei aller Bewunderung – in manchem ebenbürtig, ja nach Aussage der Geschichten mitunter sogar überlegen fühlte.

Die Frage ist jedoch, inwieweit es mit wachsendem historischem Abstand Erzählern und Hörern noch bewusst war, um welche historische Gestalt es sich in dem Erzählgut handelte. Zweifellos wirkten der Schulunterricht, zumal in Preußen, und gelegentliche Artikel im Heimatschrifttum einer Enthistorisierung entgegen. Andererseits kann nicht ohne weiteres vorausgesetzt werden, dass das vermittelte geringe Schulwissen bewusst mit den tradierten Erzählinhalten in Zusammenhang gebracht wurde.

Was Richard Wossidlo an Erzählgut dieser Art in Mecklenburg bei Tagelöhnern, Knechten, Arbeitern, Fischern, Handwerkern usw. aufzeichnete, lässt nicht erkennen, dass diese viel über die historische Gestalt wussten, obwohl die ‚König-Fritz'-Überlieferung hier damals (das heißt 1886–1939) sehr ausgeprägt war. Meist handelt es sich jedoch um ganz kurze Texte, die kaum mehr als das inhaltliche Gerüst der Erzählungen wiedergeben. Das mag zum Teil der Aufzeichnungstechnik Wossidlos geschuldet sein, der während des Erzählens so viel wie möglich mitzuschreiben versuchte, dabei aber nie den vollständigen Wortlaut erfassen konnte.[101] In der Regel dürften die Erzähler sich aber wirklich darauf beschränkt haben, den Erzählinhalt nur mehr oder weniger zu skizzieren, auch wenn es um die Darstellung von Problemen aus dem eigenen Lebensbereich ging.[102]

Im pommerschen Befund ist das am Ende des 19. Jahrhunderts anders: vordergründig wohl aufgrund der Tatsache, dass die Sammler bei der Wiedergabe der gehörten Geschichten manches von ihrem eigenen historischen Wissen mit einfließen ließen, das man nun leicht auch bei den Erzählern vermutet. Doch scheint in der preußischen Provinz Pommern Friedrich der Große auch eine weit größere Rolle im Schulunterricht gespielt zu haben als in Mecklenburg. Da blieb manches haften. So wussten Stübs' Erzähler Kanzenbach und Matthias sicherlich, auf welchen preußischen König sich ihre Geschichten bezogen, wobei deren Wirklichkeitsgehalt, wie die wortgetreuen Mitschriften zeigen, für sie wohl ebenfalls nicht in Frage stand. Was Kanzenbach über den ‚Alten Fritz' erzählte, zeigt zwar nur wenig individuelles und soziales Gepräge. Doch den entsprechenden Erzählungen von Matthias merkt man an, daß hier ein sehr erzählgewandter Bauer, der über historische Kenntnisse verfügte, seine eigene bäuerliche, durchaus sozialkritische Weltsicht in das Erzählte einbrachte.

Natürlich war das auch in Mecklenburg anzutreffen. Der über 80-jährige Dorfschulze Christian Gildhoff im mecklenburgischen Spornitz bestand mir gegenüber sogar darauf, dass das von ihm Erzählte aus dem Siebenjährigen Krieg wahr sei, und verwies auf das Kirchenbuch des Ortes, in dem man es nachlesen könne.[103] Und sein Landsmann Rust hatte eine zwar verschwommene, aber doch ungefähre Vorstellung von ‚König Fritz‘ und unterschied zwischen „Geschichten för em un gegen em“, wiewohl die Aussage seiner Texte sich meist dazwischen bewegte.

Wir müssen also mit erheblichen Unterschieden in der Auffassung des Erzählten rechnen, die über einen längeren Zeitraum für die volkstümliche Erzählüberlieferung über den Preußenkönig in Norddeutschland typisch gewesen sein dürften. Vielfach bestimmte oder ersetzte das durch die Erzählungen vermittelte Bild vom ‚Alten Fritz‘ wohl eigenes Geschichtswissen der Erzähler. Im andern Extremfall war der König nur noch eine Erzählfigur, die bestenfalls vorhandenes historisches Wissen anekdotisch illustrierte. In all diesen Fällen spielte die ‚historische Wahrheit‘ im Grunde kaum eine Rolle, was angesichts der stark divergierenden Darstellung Friedrichs des Großen in der Historiographie[104] nicht verwundern sollte. Parallel zu den Historikern machten sich auch die Volkserzähler – wiewohl mehr oder weniger von der Anekdotenüberlieferung beeinflusst – jeweils ihr eigenes Bild von ‚König Fritz‘, das zum Teil auf die historische Gestalt bezogen war, es aber nicht zu sein brauchte.

Interessant ist jedoch, dass die propagandistischen Durchhaltefilme aus der Hitlerzeit über Fridericus Rex, mit Otto Gebühr in der Hauptrolle, durch die ich als Knabe mit Friedrich dem Großen bekannt wurde, offenbar keinen Einfluss auf die mündliche Überlieferung hatten. Die Generation der meist älteren Erzähler, speziell auf dem Lande, ging entweder kaum ins Kino oder sah zumindest nicht unbedingt diese Filme. Und die jungen Kinogänger, die von den Filmen mehr oder weniger beeindruckt waren, erzählten höchstens kurzfristig deren Inhalt weiter. So blieb das in den ermittelten jüngeren Belegen gezeichnete Bild des Preußenkönigs davon unberührt. Der ‚König Fritz‘ der Volkserzähler hatte durch die Erzähltradition bereits eine Art endgültige Gestalt gewonnen, die bis in die Gegenwart weiter so geschildert wird.

Anmerkungen zu: Der „Alte Fritz". Ein „Volkskönig"

1 Vgl. etwa die Literaturübersichten bei Max Baumgart: Die Literatur des In- und Auslandes über Friedrich den Großen. Anlässlich des 100jährigen Todestages des großen Königs zusammengestellt. Berlin 1886; Reinhold Koser: Geschichte Friedrichs des Großen, Bd. 4, 4. Aufl. Berlin 1913; Edith Simon: Friedrich der Große. Tübingen 1964, S. 334–338; Pierre Gaxotte: Friedrich der Große. Frankfurt a.M. / Berlin / Wien 1973, S. 482–504; Dirk Blasius (Hrsg.): Preußen in der deutschen Geschichte. Königstein / Ts. 1980, S. 349–355.

2 Vgl. die Literaturübersicht S. ... 166 ff.

3 Wolfgang Stammler: Friedrich der Große. In: Handwörterbuch des deutschen Aberglaubens (HDA). Hrsg. von Eduard Hoffmann-Krayer und Hanns Bächtold-Stäubli. Bd. 3, Berlin / Leipzig 1930/31, Sp. 99–103; Hermann Kügler: Friedrich der Große. In: Handwörterbuch des deutschen Märchens (HDM). Hrsg. von Lutz Mackensen. Bd. 2, Berlin 1934–1940, S. 230–246; Will-Erich Peuckert: Alte Fritz. In: ders. (Hrsg.): Handwörterbuch der Sage (HDS). Bd. 1, Göttingen 1961 ff., Sp. 434–439; Leander Petzoldt: Alter Fritz. In: Enzyklopädie des Märchens. Handwörterbuch zur historischen und vergleichenden Erzählforschung. Begründet und hrsg. von Kurt Ranke u.a., ab Bd. 5 hrsg. von Rolf Wilhelm Brednich u.a. Bd. 1–10, Berlin / New York 1977–2002 (EM), hier Bd. 1, 1977, Sp. 395–404.

4 Vgl. Siegfried Neumann: Friedrich der Große in der pommerschen Erzähltradition. Eine volkskundliche Studie und Dokumentation. Rostock 1998; ders.: Geschichte und Geschichten. Studien zu Enstehung und Gehalt historischer Sagen und Anekdoten. Rostock 2001. Die aus diesen Arbeiten übernommenen Textabschnitte und Formulierungen sind nicht besonders gekennzeichnet.

5 Das geschieht allerdings, ohne auf die unterschiedliche Beurteilung einzugehen, die Friedrich II. seit seinem Tod in der Historiographie gefunden hat. Vgl. dazu Wilhelm Wiegand: Friedrich der Große im Urteil der Nachwelt. Straßburg 1888; George Peabody Gooch: Friedrich der Große. Herrscher, Schriftsteller, Mensch. Frankfurt a.M. / Hamburg 1964, S. 392–430; Hans Dollinger: Friedrich II. von Preußen. Sein Bild im Wandel von zwei Jahrhunderten. München 1986; Karl Erich Born: Zur Wirkungsgeschichte Friedrichs des Großen. In: Hans Leuschner: Friedrich der Große. Zeit, Person, Wirkung. Gütersloh 1986, S. 205–232.

6 Nach Gustav Berthold Volz: Friedrich der Große im Spiegel seiner Zeit. Bd. 1–3, Berlin 1926/27; hier Bd. 1, 1926, S. 152.

7 Nach Johan Christoph Adelung: Pragmatische Staatsgeschichte Europens von dem Ableben Kaiser Carls 6. an bis auf die gegenwärtigen Zeiten [1740–1758]. Bd. 2, Gotha 1763, S. 60.

8 Auf diese Maßnahmen wird in jeder Biographie ausdrücklich hingewiesen. Vgl. etwa Johann David Erdmann Preuß: Friedrich der Große. Eine Lebensgeschichte. Bd. 1–4, Berlin 1832–1834, hier Bd. 1, S. 131 ff.; Theobald Chauber: Friedrich der Grosse. Stuttgart 1834, S. 59 ff.; Friedrich Förster: Leben und Thaten Friedrich's des Großen. Bd. 2, 3. Aufl. Leipzig 1845, S. 215 ff.; usw.

9 Vgl. Reinhold Koser: Geschichte Friedrichs das Großen. Bd. 1–4, 4./5. Aufl. Berlin 1912/13, hier Bd. 1, 1912, S. 198 ff.

10 Georg Holmsten: Friedrich II. in Selbstzeugnissen und Bilddokumenten. Reinbek bei Hamburg 1969, S. 46 f.; Ingrid Mittenzwei: Friedrich II. von Preußen. Eine Biographie. 2. Aufl. Berlin 1984, S. 28.

11 Vgl. Wolfgang Venohr: Fridericus Rex. Friedrich der Große – Porträt einer Doppelnatur. 2. Aufl. Bergisch-Gladbach 1993, S. 137 ff.

12 Vgl. Johann Gustav Droysen: Friedrich der Große. Bd. 2, Leipzig 1876, S. 644 ff; Venohr, Rex (wie Anm. 11), 1993, S. 231 f.

13 Vgl. Preuß, Friedr. d. Gr. (wie Anm. 8), Bd. 1, 1832, S. 280 ff.; Venohr, Rex (wie Anm. 11), 1993, S. 237 ff.; Walter Henry Nelson: Die Hohenzollern. Reichsgründer und Soldatenkönige. München 1996, S. 137 f.

14 Vgl. Ernst Pfeiffer: Die Revuereisen Friedrichs des Großen. Berlin 1904.

15 Vgl. Karl Otmar von Aretin: Friedrich der Große. Größe und Grenzen eines Preußenkönigs. Freiburg / Basel / Wien 1985, S. 68 f., 110.

16 Vgl. Thomas Babington Macauly: Friedrich der Große. Halle 1857, S. 64 f.; Ludwig Reiners: Friedrich. München 1952, S. 189 ff.

17 Vgl. Christoffer Duffy: Friedrich der Große. Ein Soldatenleben. Augsburg 1996, S. 149 ff.

18 Vgl. Macauly, Friedr. d. Gr. (wie Anm. 16), 1857, S. 82 ff.; Reiners, Friedr. (wie Anm. 16), 1952, S. 207.

19 Vgl. Koser, Geschichte (wie Anm. 9), Bd. 2, 1913, S. 297 f.; Gerhard Ritter: Friedrich der Große. Ein historisches Profil. Leipzig 1936, S. 145 ff.

20 Vgl. Rudolf Augstein: Preußens Friedrich und die Deutschen (1968). Neuausgabe Frankfurt a.M. 1981, S. 265; Mittenzwei, Friedr. II. (wie Anm. 10), 1984, S. 126 f.

21 Vgl. Macauly, Friedr. d. Gr. (wie Anm. 16), 1857, S. 96 ff.; Mittenzwei, Friedr. II. (wie Anm. 10), 1984, S. 144 ff.

22 Vgl. Koser, Geschichte (wie Anm. 9), Bd. 3, 1913, S. 185 ff.; Joachim Engelmann: Friedrich der Große und sein Friedenswerk. Friedberg 1991, S. 98 ff.

23 Vgl. K. F. Reiche: Friedrich der Große und seine Zeit. Leipzig 1840, S. 358 ff.; Nancy Mitford: Friedrich der Große. München 1973, S. 254 ff.

24 Vgl. Ilja Mieck: Land und Leute und die Existenzbedingungen im Staat Friedrichs II. In: Friedrich der Große. Herrscher zwischen Tradition und Fortschritt. Hrsg. von Karl Otmar Freiherr von Aretin, Peter Baumgart, Günter Birtsch u.a. Gütersloh 1985, S. 114–122, hier S. 117.

25 Vgl. Franz Mehring: Die Lessing-Legende. Zur Geschichte und Kritik des preußischen Despotismus und der klassischen Literatur. 2. Aufl. Stuttgart 1906, S. 115 ff.; Holmsten, Friedr. II. (wie Anm. 10), 1969, S. 75 ff., 111 ff.

26 Nach Mieck, Land und Leute (wie Anm. 24), 1985, S. 122; ähnlich bei Volz, Friedr. d. Gr. (wie Anm. 6), Bd. 1, 1926, S. 286; Dollinger, Friedr. II. (wie Anm. 5), 1986, S. 81, 86.

27 Vgl. Christian Garve: Fragmente zur Schilderung des Geistes, des Charakters und der Regierung Friedrichs des zweyten. Bd. 2, Berlin 1798, S. 241, 252.

28 Vgl. Mittenzwei, Friedr. d. Gr. (wie Anm. 10), 1984, S. 94 ff.

29 Vgl. Hans F. Helmolt: Friedrich der Große und sein Preußen. Wien / Leipzig 1925, S. 120 ff.

30 Vgl. Preuß, Friedr. d. Gr. (wie Anm. 8), Bd. 3, 1833, S. 380 ff.

31 Vgl. etwa Friedrich Christoph Jonathan Fischer: Geschichte Friedrichs des Zweiten, Königs von Preussen. Bd. 2, Halle 1887, S. 423 ff.

32 Nach Volz, Friedr. d. Gr. (wie Anm. 6), Bd. 1, 1926, S. 151.

33 Nach Carl Hinrichs: Der allgegenwärtige König. Friedrich der Große im Kabinett und auf Inspektionsreisen. Berlin 1940, S. 63.

34 In: Dichtung und Wahrheit, 2. Buch. In: Goethes Werke. Hrsg. im Auftrag der Großherzogin Sophie von Sachsen. Bd. 26, Weimar 1889, S. 71, 112.

35 Hier nach Reiners, Friedr. (wie Anm. 16), 1952, S. 212 f.

36 Theodor Schieder: Friedrich der Große. Ein Königtum der Widersprüche. Berlin / Frankfurt a.M. 1996, S. 72.

37 Vgl. etwa Franz Kugler: Geschichte Friedrichs des Großen (1841). Leipzig 1994, S. 312 ff.; Duffy, Soldatenleben (wie Anm. 17), 1996, S. 210, 314.

38 Helmolt, Friedr. d. Gr. (wie Anm. 29), 1925, S. 204; vgl. Ritter, Friedr. d. Gr. (wie Anm. 19), 1936, S. 145 ff.

39 Vgl. A. E. Fern: Friedrich der Große. Bd. 1, Magdeburg 1840, S. 347.

40 Vgl. Garve, Fragmente (wie Anm. 27), Bd. 2, 1798, S. 241,

252; Reiners, Friedr. (wie Anm. 16), 1952, S. 260 f.

41 Vgl. Ritter, Friedr. d. Gr. (wie Anm. 19), 1936, S. 203; Aretin, Friedr. d. Gr. (wie Anm. 15), 1985, S. 145 f.

42 Vgl. Chauber, Friedr. d. Gr. (wie Anm. 8), 1834, S. 174 ff.; Koser, Geschichte (wie Anm. 9), Bd. 3, 1913, S. 522 f.; Volz, Friedr. d. Gr. (wie Anm. 6), Bd. 1, 1926, S. 282.

43 Vgl. Chauber, Friedr. d. Gr. (wie Anm. 8), 1834, S. 474 ff.; Reiners, Friedr. (wie Anm. 16), 1952, S. 267 ff.; Venohr, Rex (wie Anm. 11), 1993, S. 494 f.

44 Nach Oskar Fritsch: Friedrich der Große, unser Held und Führer. München 1924, S. 95 f.

45 Vgl. Preuß, Friedr. d. Gr. (wie Anm. 8), Bd. 3, 1833, S. 38 f.; Ritter, Friedr. d. Gr. (wie Anm. 19), 1936, S. 248 f.

46 Nach Dollinger, Friedr. II. (wie Anm. 5), 1986, S. 98; vgl. Nelson, Hohenzollern (wie Anm. 13), 1996, S. 183.

47 Ludwig Hahn: Geschichte des preußischen Vaterlandes (1854). 22. Aufl. Berlin 1891, S. 336, vgl. auch S. 322 f.

48 Vgl. Kugler, Geschichte (wie Anm. 37), 1994, S. 606 ff.; Fritsch, Friedr. d. Gr. (wie Anm. 44), 1924, S. 97; Reiners, Friedr. (wie Anm. 16), 1952, S. 348 f.; Venohr, Rex (wie Anm. 11), 1993, S. 437, 513.

49 Nach Hans Jessen: Friedrich der Große und Maria Theresia in Augenzeugenberichten. Düsseldorf 1965, S. 478 f.

50 Vgl. Ludwig Häusser: Deutsche Geschichte vom Tode Friedrichs des Großen bis zur Gründung des deutschen Bundes. Bd. 1, 3. Aufl. Berlin 1861, S. 53.

51 Vgl. Reinhold Conrad Muschler: Friedrich der Große. Leipzig 1925, S. 478; Hans-Joachim Neumann: Friedrich der Große. Feldherr und Philosoph. Berlin 2000, S. 159 ff.

52 Thomas Mann: Friedrich und die große Koalition (1915). In: ders.: Aufsätze, Reden, Essays. Bd. 2, Berlin 1983, S. 93.

53 Vgl. Jessen, Friedr. d. Gr. (wie Anm. 49), 1965, S. 17.

54 Vgl. Koser, Geschichte (wie Anm. 9), Bd. 3, 1913, S. 523.

55 Nach Volz, Friedr. d. Gr. (wie Anm. 6), Bd. 2, 1927, S. 254; vgl. Reiners, Friedr. (wie Anm. 16), 1952, S. 3 ff.

56 Mann, Friedr. (wie Anm. 52), 1983, S. 93.

57 [Johann Friedrich Unger]: Anekdoten und Karakterzüge aus dem Leben Friedrich des Zweiten. 19 Hefte, Berlin 1786-89.

58 Anton Friedrich Büsching: Charakter Friederichs des zweyten, Königs von Preußen. 2. Ausg. Halle 1788.

59 Friedrich Nicolai: Anekdoten von König Friedrich II. von Preussen. 6 Hefte, Berlin/Stettin 1788–1792.

60 Vgl. etwa Anekdoten von Friedrich dem Großen, dem "Alten

Fritz". Leipzig (1876); W. Ahrens: Der große König. Aus Werken und Wirken, Sentenzen und Anekdoten. Berlin 1912; Friedrich Schmidt-Hennigker:

Humor Friedrichs des Großen. Anekdoten, heitere Szenen und charakteristische Züge aus dem Leben Friedrichs II. Stettin (1928); Peter Purzelbaum [= Prusz von Zglinitzki]: Neuer Witz vom alten Fritz. Berlin / Leipzig (nach 1933); Georg Hyckel: Der Alte Fritz in Oberschlesien. Anekdoten um den Großen König. Oppeln 1936; Müller-Rüdersdorf: Der unsterbliche König in 100 Anekdoten, Schicksalsbildern, Sagen und Mären. Berlin 1936; Hans Bethge: Der König. 100 kleine Geschichten um Friedrich den Großen. Berlin 1940.

61 Vgl. die Literaturliste S. 166 ff.

62 Vgl. Unger, Anekdoten (wie Anm. 57), Heft 4, 1787, S. 64; analog Nr. 8 in diesem Band.

63 Vgl. Unger, Anekdoten, Heft 5, 1787, S. 59 f.; analog Nr. 12.

64 Vgl. Unger, Anekdoten, Heft 6, 1787, S. 95 ff.; analog Nr. 66.

65 Vgl. Unger, Anekdoten, Heft 10, 1787, S. 90; analog Nr. 13.

66 Vgl. Unger, Anekdoten, Heft 12, 1788, S. 112 ff.; analog Nr. 11.

67 [Christian Gottfried Daniel Stein], Charakteristik Friedrichs des Zweiten, Königs von Preußen. Bd. 1-3, Berlin 1798.

68 Ebenda, Bd. 1, 1798, S. 354; analog Nr. 65.

69 Vgl. Text und Anm. 65.

70 O. C. C. Höpffner [= Friedrich Ludwig Jahn]: Über die Beförderung des Patriotismus im Preußischen Reiche. Halle 1800, S. 7 f.

71 Vgl. Text und Anm. 52 f.

72 Vgl. Text und Anm. 36.

73 Vgl. Text und Anm. 23.

74 Vgl. Text und Anm. 85.

75 Vgl. Text und Anm. 72.

76 Vgl. etwa die Anm. zu den Texten 20 f., 33 f., 48, 59, 64, 71, 75, 80.

77 Venohr, Rex (wie Anm. 11), 1993, S. 496. Hervorhebung von mir, S.N.

78 Nach Heinrich Pröhle: Friedrich der Große und die deutsche Literatur. Berlin 1872, S. 226.

79 Nach Förster, Leben (wie Anm. 8), Bd. 1, 1845, S. III; ähnlich Höpffner, Patriotismus (wie Anm. 70), 1800, S. 5.

80 Vgl. Hans Lucke: Der Einfluß der Brüder Grimm auf die Märchensammler des 19. Jahrhunderts. Diss. Greifswald 1933.

81 Vgl. Ulrich Jahn: Volkssagen aus Pommern und Rügen. 2. Aufl. Berlin 1989, Nr. 626–631; ders: Volksmärchen aus Pommern

und Rügen. Norden / Leipzig 1891, Nr. 23–31.

82 Die Mehrzahl der Erzählungen über den 'Alten Fritz' bestand schon zur Zeit Jahns aus Schwänken.

83 Ulrich Jahn in: Monatsblätter der Gesellschaft für pommersche Geschichte und Alterthumskunde 1, 1887, S. 46.

84 Vgl. Richard Wossidlo / Siegfried Neumann: Volksschwänke aus Mecklenburg (1963). 3. Aufl. Berlin 1965.

85 Vgl. Josef Winckler: De olle Fritz. Verschollene Schwänke und Legenden voll phantastischer Abenteuerlichkeit und schnurriger Mythe. Bremen 1926.

86 Hugo Stübs: Ull Lüj vertellen. Plattdeutsche Geschichten aus dem pommerschen Weizacker. Greifswald 1938, S. 6.

87 Vgl. Ebenda , Nr. 5, 18, 32 f., 37, 54, 64, 70.

88 Vgl. Ebenda, Nr. 2, 13 f., 17, 24, 28, 39, 43, 49, 53, 58 f.

89 Ebenda, S. 8.

90 Siegfried Neumann: Ein mecklenburgischer Volkserzähler. Die Geschichten des August Rust (1968). 2. erweiterte Aufl. Berlin 1970, Nr. 126-133.

91 Vgl. z.B. die Texte Nr. 23–27.

92 Vgl. z.B. die Texte Nr. 73–75, 82–84.

93 Vgl. Text Nr. 37 ff.,

94 Vgl. Text Nr. 23 ff.

95 Vgl. Text Nr. 74 ff.

96 Vgl. Text Nr. 44 ff., 61 ff.

97 Vgl. Text Nr. 36.

98 Vgl. Text Nr. 23, 27.

99 Vgl. Text Nr. 92 f.

100 Vgl. Siegfried Neumann: Friedrich der Große und "König Fritz". Reale und phantastische Züge in den Erzählungen über die Kristallisationsgestalt eines , Volkskönigs': In: Als es noch Könige gab. Forschungsberichte aus der Welt der Märchen. Hrsg. von Heinz-Albert Heindrichs und Harlinda Lox. München 2001, S. 201–226.

101 Vgl. Siegfried Neumann: Richard Wossidlo und die mecklenburgische Volksdichtung. In: Kikut. Plattdütsch gistern un hüt 5, 1980, S. 3–17.

102 Vgl. Text Nr. 37–42.

103 Vgl. Siegfried Neumann: Alltagsreflexion und Weltsicht in Sagen, Märchen und Schwänken norddeutscher Erzähler der Gegenwart. In: Das Bild der Welt in der Volkserzählung. Hrsg. von Leander Petzoldt, Siegfried de Rachewiltz, Ingo Schneider und Petra Streng. Frankfurt a.M. / Berlin / Bern / New York / Paris / Wien 1993, S. 221–237, hier S. 228. **104** Vgl. Anm. 5.

Kommentar
Quellen- und Abkürzungsverzeichnis

Hier ist – neben weniger gebräuchlichen Abkürzungen – nur Literatur aufgeführt, die in den folgenden Anmerkungen zu den Texten verkürzt zitiert wird.

AaTh = Aarne, Antti / Thompson, Stith: The Types of the Folktale. A Classification and Bibliography. 3. Aufl. Helsinki 1961 (= FFC 184).

Anm. = Anmerkung; f., ff. = folgende; Kr. = Landkreis;

Lit. = weiterführende Literatur; var. = variiert gegenüber AaTh

Asmus/Knoop, Kolberg-Körlin 1898 = Asmus, Ferdinand / Knoop, Otto: Sagen und Erzählungen aus dem Kreise Kolberg-Körlin. Kolberg 1898.

Asmus/Knoop, Kolberg 1927 = Asmus, Ferdinand / Knoop, Otto: Kolberger Volkshumor. Neue Sagen, Erzählungen und Märchen, Schwänke, Scherze und Ortsneckereien aus dem Kreis Kolberg-Körlin. Köslin 1927.

Benzel, Pommern 1980 = Benzel, Ulrich: Pommersche Märchen und Sagen. Bd. I: Kr. Neustettin. Kallmünz 1980.

BllfpVk = Blätter für pommersche Volkskunde. Monatsschrift für Sage und Märchen, Sitte und Brauch, Schwank und Streich, Lied, Rätsel und Sprachliches in Pommern. 1–10, Stettin (ab 5: Labes) 1892–1902.

Bodens, Niederrhein 1936 = Bodens, Wilhelm: Sage, Märchen und Schwank am Niederrhein. Bonn 1936.

Bosse, Greifenberg 1932 = Bosse, Heinrich: Heimatkunde des Kreises Greifenberg. Bd. I: Sagen der Heimat (1925). 2. erweiterte Aufl. Treptow an der Rega 1932.

Braun, Anekdoten Bd. 1–3, 1836–38 = Braun, J. M.: Anekdoten von Regenten, Staatsmännern, Feldherren und andern historischen Personen. Bd. I-III, Stuttgart 1836–1838.

Diewerge, Fritz 1941 = Diewerge, Heinz: Der Alte Fritz im Volksmund. Geschichten und Schwänke. München 1941.

Dittmaier, Sieg 1950 = Dittmaier, Heinrich: Sagen, Märchen und Schwänke von der unteren Sieg. Bonn 1950.

EM = Enzyklopädie des Märchens. Handwörterbuch zur historischen und vergleichenden Erzählforschung. Begründet und hrsg. von Kurt Ranke u. a., ab Bd. V hrsg. von Rolf Wilhelm Brednich u. a. Bd. I–X, Berlin / New York 1977–2002.

Engelien / Lahn, Brandenburg 1868 = Engelien, A. / Lahn, W.: Der Volksmund in der Mark Brandenburg. Sagen, Märchen, Spiele, Sprichwörter und Gebräuche. Berlin 1868.

Findeisen, Hiddensee 1925 = Findeisen, Hans: Sagen, Märchen und Schwänke von der Insel Hiddensee. Stettin 1925.

Grannas, Ostpreußen 1957 = Grannas, Gustav: Plattdeutsche Volkserzählungen aus Ostpreußen. Marburg 1957.

Grannas, Ordensland 1960 = Grannas, Gustav: Volk aus dem Ordenslande Preußen erzählt Sagen, Märchen und Schwänke. Marburg 1960.

Grüner, Waldeck 1964 = Grüner, Gustav: Waldeckische Volkserzählungen. Marburg 1964.

Haas, Rügen 1891 = Haas, Alfred: Rügensche Sagen und Märchen. Greifswald 1891.

Haas, Schnurren 1899 = Haas, Alfred: Schnurren, Schwänke und Erzählungen von der Insel Rügen. Greifswald 1899.

Haase, Ruppin 1887 = Haase, Karl Eduard: Sagen aus der Grafschaft Ruppin und Umgebung. Neu-Ruppin 1887.

Heimatleiw = Heimatleiw un Muddersprak. Wochenbeilage zur Greifswalder Zeitung. 1 ff., Greifswald 1922 ff.

Henßen, Münsterland 1935 = Henßen, Gottfried: Volk erzählt. Münsterländische Sagen, Märchen und Schwänke. Münster 1935.

Henßen, Uhlenflucht 1939 = Henßen, Gottfried: In de Uhlenflucht. Plattdeutsche Schwänke und Märchen aus Westfalen. Münster 1939.

Henßen, Überlieferung 1951 = Henßen, Gottfried: Überlieferung und Persönlichkeit. Die Erzählungen und Lieder des Egbert Gerrits. Münster 1951.

Jahn, Volkssagen 1889 = Jahn, Ulrich: Volkssagen aus Pommern und Rügen (1886). 2. Aufl. Berlin 1889.

Jahn, Volksmärchen 1891 = Jahn, Ulrich: Volksmärchen aus Pommern und Rügen. Norden/Leipzig 1891.

Knoop, Regenwalde 1924 = Knoop, Otto: Sagen, Erzählungen und Schwänke aus dem Kreise Regenwalde. Labes 1924.

Knoop, Stolp 1925 = Knoop, Otto: Volkssagen und Erzählungen aus der Stadt und dem Landkreis Stolp. Stolp 1925.

Knoop, Dramburg 1926 = Knoop, Otto: Volkssagen, Erzählungen und Schwänke aus dem Kreise Dramburg. Unter Mitwirkung von A. Heller. Köslin 1926.

Kügler, Hohenzollern 1922 = Kügler, Hermann: Hohenzollernsagen. 4., vollständig umgearbeitete und mit Anmerkungen versehene Aufl. von Oskar Schwebels „Sagen der Hohenzollern". Leipzig-Gohlis 1922.

Lederer, Berlin um 1925 = Lederer, Franz: Hier lacht Berlin! Spreehumor in Anekdoten. Essen o.J. (um 1925).

Leischner, Berlin 1922 = Leischner, Max: Die schlafende Seele der brausenden Stadt. Berliner Sagen. Berlin o.J. (1922).

Lohre, Mark 1921 = Lohre, Heinrich: Märkische Sagen. Leipzig-Gohlis 1921; 2. Aufl. 1928.

Meyer, Plattdt. Volksmärchen 1925 = Meyer, Gustav Friedrich: Plattdeutsche Volksmärchen und Schwänke. Neumünster 1925.

Meyer, Anekdoten 1934 = Meyer, Gustav Friedrich: Anekdoten vom Alten Fritz. Hamburg 1934.

Monatsblätter = Monatsblätter der Gesellschaft für pommersche Geschichte und Alterthumskunde. 1 ff., Stettin 1887 ff.

Monatshefte Meckl. = Mecklenburgische Monatshefte, 1 ff., Rostock 1925 ff.

Monke, Berlin 1911 = Monke, Otto: Berliner Sagen und Erinnerungen. Leipzig 1911; 2. Aufl., hrsg. von Otto Siegfried Monke, Berlin 1926.

Motiv = Thompson, Stith: Motif-Index of Folk-Literature. A Classification of Narrative Elements in Folktales, Ballads, Myths, Fables, Mediaeval Romances, Exempla, Fabliaux, Jest-Books, and Local Legends. Bd. I–VI, 2. Aufl. Kopenhagen 1955–1958.

Neumann, Alt-Berlin 1925 = Neumann, Hellmuth: Sagen und Geschichten aus Alt-Berlin. Leipzig o.J. (1925).

Neumann, Berlin 1925 = Neumann, Hellmuth: Sagen und Geschichten der Außenbezirke und der Umgebung Berlins. Leipzig o.J. (1925).

Neumann, Plattdt. Schwänke 1968 = Neumann, Siegfried: Plattdeutsche Schwänke. Aus den Sammlungen Richard Wossidlos und seiner Zeitgenossen sowie eigenen Aufzeichnungen in Mecklenburg. Rostock 1968.

Neumann, Volkserzähler 1970 = Neumann, Siegfried: Ein mecklenburgischer Volkserzähler. Die Geschichten des August Rust (1968). 2. erweiterte Aufl. Berlin 1970.

Neumann, Meckl. Volksmärchen 1971 = Neumann, Siegfried: Mecklenburgische Volksmärchen. Berlin 1971.

Neumann, Plattdt. Legenden 1973 = Neumann, Siegfried Armin: Plattdeutsche Legenden und Legendenschwänke. Volkserzählungen aus Mecklenburg. Berlin 1973.

Neumann, Vorpommern 1983 = Neumann, Siegfried Armin: Volksmärchen aus dem historischen Vorpommern. Rostock 1983.

Neumann, Sagen Pommern 1991 = Neumann, Siegfried: Sagen aus Pommern. München 1991.

Neumann, Sagen Meckl. 1993 = Neumann, Siegfried: Sagen aus Mecklenburg. München 1993.

Neumann, Friedr. d. Gr. 1998 = Neumann, Siegfried: Friedrich der Große in der pommerschen Erzähltradition. Eine volkskundliche Studie und Dokumentation. Rostock 1998.

Neumann, Schwänke Pommern 1999 = Neumann, Siegfried: Der Ochse als Bürgermeister. Schwänke aus Pommern. Rostock 1999.

Neumann, Sagen Berlin 2000 = Neumann, Siegfried: Sagenhaftes Berlin. Historien, Sagen und Anekdoten rund um die deutsche Hauptstadt. Kreuzlingen/München 2000.

Plenzat, Typen 1927 = Plenzat, Karl: Die ost- und westpreußischen Märchen und Schwänke nach Typen geordnet. Elbing 1927.

Pohl, Ostpreußen 1943 = Pohl, Erich: Die Volkssagen Ostpreußens. Königsberg 1943.

Pommerland = Unser Pommerland. Illustrierte Monatsschrift für Heimatpflege und Kultur, für Kunst und Geschichte sowie für die wirtschaftliche Entwicklung Pommerns. 1 ff., Stargard 1912/13 ff.; ab 6 ff.: Unser Pommerland. Monatsschrift für das Kulturleben der Heimat. Stettin 1921 ff.

Das liebe Pommerland. Monatsschrift zur Hut und Pflege pommerscher Heiligthümer und pommerschen Volksthums. 1 ff., Ducherow und Anclam 1864 ff.

Pomm. Heimatsbll. = Pommersche Heimats-Blätter für Geschichte, Sage und Märchen, Sitte und Brauch. Lied und Kunst. 1 ff., Stargard 1907/08 ff.

Ranke, Volksmärchen Bd. 3, 1962 = Ranke, Kurt: Schleswig-holsteinische Volksmärchen. Bd. III, Kiel 1962.

Schulenburg, Wend. Volkssagen 1880 = Schulenburg, Wilibald von: Wendische Volkssagen und Gebräuche aus dem Spreewald. Leipzig 1880.

Schulenburg, Wend. Volkstum 1882 = Schulenburg, Wilibald von: Wendisches Volkstum in Sage, Brauch und Sitte. Berlin 1882.

Schulz, Köslin 1925 = Schulz, F. E.: Sagen, Überlieferungen und Schwänke aus dem Kreise Köslin. Köslin 1925.

Schwartz, Brandenburg 1895 = Schwartz, Wilhelm: Sagen und alte Geschichten der Mark Brandenburg (1871). 3. ergänzte Aufl. Stuttgart / Berlin 1895.

Selk, Angeln 1949 = Selk, Paul: Volksschwänke und Anekdoten aus Angeln. Hamburg 1949.

Stübs, Weizacker 1938 = Stübs, Hugo: Ull Lüj vertellen. Plattdeutsche Geschichten aus dem pommerschen Weizacker. Greifswald 1938.

VeckZfVk = (Veckenstedts) Zeitschrift für Volkskunde. 1 ff. Leipzig 1889 ff.

Winckler, Fritz 1926 = Winckler, Josef: De olle Fritz. Verschollene Schwänke und Legenden voll phantastischer Abenteuerlichkeit und schnurriger Mythe. Bremen (1926).

Wisser, Plattdt. Volksmärchen 1914, 1927 = Wisser, Wilhelm: Platt-deutsche Volksmärchen. Ausgabe für Erwachsene. Bd. I–II, Jena 1914, 1927 (= Märchen der Weltliteratur).

Wossidlo, Rätsel 1897 = Wossidlo, Richard: Rätsel. Wismar 1897.

Wossidlo/Neumann, Meckl. 1965 = Wossidlo, Richard / Neumann, Siegfried: Volksschwänke aus Mecklenburg (1963). 3. ergänzte Aufl. Berlin 1965.

ZA = Zentralarchiv der deutschen Volkserzählung im Institut für europäische Ethnologie und Kulturforschung der Universität Marburg.

Zaunert, Westfalen 1927 = Zaunert, Paul: Westfälische Sagen. Jena 1927.

Zierke, Pommern 1997 = Zierke, Heinz-Jürgen: Pommern grient. Rostock 1997. ●

Titelverzeichnis der Texte und Anmerkungen

Die Anmerkungen beschränken sich auf Quellenangaben, auf die Notierung ermittelter Parallelbelege aus dem nord- und mitteldeutschen Raum, soweit in ihnen der Alte Fritz (König Fritz) genannt wird, sowie auf Hinweise auf weiterführende Literatur.

In den Residenzen Berlin und Potsdam

1 Die Bittschriften-Linde in Potsdam: Neumann, Berlin 1925, S. 22 f.

2 Friedrich der Große und Knobelsdorff: Lederer, Berlin ca. 1925, S. 37 f.

3 Der Alte Fritz und der Müller von Sanssouci: Schwartz, Bran-denburg 1895, S. 38, Nr. 18. – Lit.: Kügler, Hohenzollern 1922, S. 148 f. zu Nr. 40.

4 Der Alte Fritz als Gründer von Nowawes: Lohre, Mark 1921, S. 154 f., Nr. 242.

5 Der Alte Fritz und die Hedwigskirche: Leischner, Berlin 1922, S. 129. – Auch: Monke, Berlin 1911, S. 56, Nr. 43; Neumann, Alt-Berlin 1925, S. 60 f.

6 Der Alte Fritz und sein Flötenlehrer Quantz: Lederer, Berlin ca. 1925, S. 33.

7 Der Alte Fritz und das Bild auf der Dose: Braun, Regenten Bd. 3, 1838, S. 37 f., Nr. 42. – Auch: Neumann, Volkserzähler 1970, S. 100, Nr. 129.

8 Der Edelmann mit dem wunderbaren Namen: Bllfpvk 2, 1893/94, S. 137, Nr. 8: von A. Knoop.

9 Der Alte Fritz und das Dienstmädchen: Bllfpvk 1, 1892/93, S. 116 f., Nr 1: von Lehrer A. Archut aus Königlich Freist, vor 1892.

10 Friedrich II. und die Schuljungen: Braun, Regenten Bd. 1, 1836, S. 45 f., Nr. 6.

11 Der Alte Fritz und der junge Prediger: Stübs, Weizacker 1938, S. 131 f., Nr. 78: mündl. vom 72jähr. Landarbeiter W. Kanzenbach in Lettnin, Kr. Pyritz, vor 1938, original in Mundart. – AaTh 1825 B. – Auch: ZA 111 048 (Pommern); Meyer, Anekdoten 1934, S. 7, Nr. 10; Selk, Angeln 1949, S. 69 f., Nr. 115; Zaunert, Westfalen 1927, S. 224.

12 Der Alte Fritz und der ungläubige Pastor: Stübs, Weizacker 1938, S. 131, Nr. 77: mündl. vom 72jähr. Landarbeiter W. Kanzenbach in Lettnin, Kr. Pyritz, vor 1938, original in Mundart. – Auch: Zierke, Pommern 1997, S. 21.

13 Der Alte Fritz und das Reitpferd des Pfarrers: ZA 110 561 = Ostpommersche Heimat 1931, Nr. 45.

14 König Fritz und der Rabbi: Findeisen, Hiddensee 1925, S. 19, Nr. 20: mündl. aus Grieben auf Hiddensee, vor 1925.

15 Der Alte Fritz und der Lästerer: Braun, Regenten Bd. 3, 1838, S. 28 f., Nr. 31.

16 Friedrich II. und das Finkennest: Kügler, Hohenzollern 1922, S. 109 f., Nr. 49; nach Der Bär 4, 1878, S. 38.

17 König Fritz verspielt die Madü: Stübs, Weizacker 1938, S. 87-89, Nr. 58: mündl. vom 65jähr. Bauern W. Matthias in Wobbermin, Kr. Pyritz, vor 1938, original in Mundart. – Motiv J 1161.3. – Auch: Bllfpvk 1, 1892/93, S. 118 = Neumann, Sagen Berlin 2000, S. 204 f., Nr. 132; Brandenburgia 12, 1903/04, S. 273; Meyer, Anekdoten 1934, S. 18, Nr. 28; Dittmaier, Sieg 1950, S. 148 f., Nr. 413 (+ AaTh 1528).

18 Der Alte Fritz und der Matrose: Haas, Schnurren 1899, S. 3 f., Nr. 4: von O. Haas aus Putbus. – AaTh 1557. – Auch: Neumann, Plattdt. Schwänke 1968, S. 95, Nr. 166; Meyer, Anekdoten 1934, S. 6, Nr. 8. – Lit.: EM 10, 2002, Sp. 255–258: Ohrfeige geht zurück (J. v. d. Kooi).

19 Der Alte Fritz und sein Schimmel: Bllfpvk 1, 1892/93, S. 117, Nr. 2: von Wolff aus Cammin, vor 1892. – AaTh 925. – Auch: Stübs, Weizacker 1938, S. 126 f., Nr. 74 = Neumann, Friedr. d. Gr. 1998, S. 85 f., Nr. 37; Wossidlo/Neumann, Meckl. 1965, S. 106, Nr. 381; Meyer, Anekdoten 1934, S. 18, Nr. 27; Henßen, Münsterland 1935, S. 280 f., Nr. 215;

Grüner, Waldeck 1964, S. 288, Nr. 511. – Lit.: EM 9, 1999, Sp. 1416–1420: Neuigkeiten für den König (C. Oriol).

20 König Fritz und der Gehaltsabbau: Neumann, Volkserzähler 1970, S. 99, Nr. 126: mündl. vom 72jähr. Arbeiter A. Rust in Cammin, Kr. Neubrandenburg, 1962, original in Mundart.

21 König Fritz und der Zauberer: Monatshefte Meckl. 14, 1938, S. 33 f., original in Mundart.
Siehe auch Neumann, Sagen Berlin 2000, Nr. 123–126, 134 f., 139–143, 146.

Im Lande und im Schloss

22 Der Alte Fritz und der reiche Herr von Flemming: ZA 110 153 = Pommersche Zeitung. Cammin, Stadt und Land vom 21. Jan. 1934. – Auch: Haas, Rügen 1891, S. 197, Nr. 199 = Neumann, Sagen Pommern 1991, S. 102 f., Nr. 128; Zierke, Pommern 1997, S. 20 f.; Wossidlo/Neumann, Meckl. 1965, S. 114 f., Nr. 409; Meyer, Anekdoten 1934, S. 9, Nr. 14.

23 Der Bauer, der Edelmann und der Alte Fritz: Jahn, Volksmärchen 1891, S. 150-153, Nr. 25: mündl. aus Stargard, Kr. Saazig, vor 1891. – AaTh 921 D* + Motiv K 318. + AaTh 1567 C + AaTh 1610. – Auch: Stübs, Weizacker 1938, S. 97–103, Nr. 62 (Motiv K 318. + AaTh 1567 C) = Neumann, Friedr. d. Gr. 1998, S. 60-65, Nr. 24; Wisser, Plattdt. Volksmärchen 1927, S. 183–185, Nr. 53 (AaTh 921 D* + Motiv K 318. + AaTh 1567 C). – Lit.: EM 4, 1984, Sp. 1218–1221: Den großen Fisch befragen (E. Moser-Rath).

24 Friedrich der Große und der pommersche Bauer: Bosse, Greifenberg 1932, S. 92–94. – Motiv Bittschrift erklären. – Auch: Das liebe Pommerland 4 (1867) S. 120–132; Wossidlo/Neumann, Meckl. 1965, S. 111 f., Nr. 398; Meyer, Anekdoten 1934, S. 12, Nr. 18; Pohl, Ostpreußen 1943, S. 54.

25 Bauer Lange und der Alte Fritz: Knoop, Dramburg 1926, S. 94 f., Nr. 138: mündl. von Buchhändler Reiser aus Dramburg, um 1890. - Motiv Bittschrift erklären. – Siehe auch Text und Anm. 24.

26 Der Alte Fritz, die beiden Bauern und die große Kartoffel: Heimatleiw vom 4./5. Juli 1936, von Redakteur Otto Wobbe in Greifswald. – AaTh 1689 A. – Auch: Winckler, Fritz 1926, S. 24 f.; Zaunert, Westfalen 1927, S. 225 f.; Grüner, Waldeck 1964, S. 287 f., Nr. 509 (+ AaTh 1535).

27 Der Alte Fritz, die verschenkten Prügel und Alten Sattel: Jahn, Volksmärchen 1891, S. 145-149, Nr. 24: mündl. aus Petznick, Kr. Pyritz, vor 1891. – Motiv Fisch/Fuchs + AaTh 1610 + AaTh 927 A* + Motiv Ritter/

Bauer. – Auch: Stübs, Weizacker 1938, S. 105-110, Nr. 64 (Fund-Motiv + AaTh 1610 + AaTh 930 III var. + AaTh 1557) = Neumann, Friedr. d. Gr. 1998, S. 73-77, Nr. 28; Heimatleiw 10, 1931, Nr. 43, S. 3 f. (AaTh 921* + Fund-Motiv + AaTh 1610); Wossidlo, Rätsel 1897, S. 241, Nr. 988.5 (AaTh 875 III + AaTh 927 A*); Wossidlo/Neumann, Meckl. 1965, S. 112, Nr. 400 (AaTh 927 A*); ebenda, Nr. 399 (Fund-Motiv + AaTh 1610); Neumann, Meckl. Volksmärchen 1971, S. 294 f., Nr. 144 (AaTh 875 III + AaTh 927 A*); Henßen, Münsterland 1935, S. 278-280, Nr. 213 (Fund-Motiv + AaTh 1610); ebenda S. 284-286, Nr. 219 (Ritter/Bauer); Bodens, Niederrhein 1936, S. 275, Nr. 1099 (Fisch/Hase + AaTh 1610); ebenda S. 277 f., Nr. 1103 (Fund-Motiv + AaTh 1610); ebenda, S. 278 f., Nr. 1105 (Ritter/Bauer); Grannas, Ostpreußen 1957, S. 141-144, Nr. 41 (Fund-Motiv + AaTh 1610 + AaTh 930 III var.); Grannas, Ordensland 1960, S. 114-116, Nr. 75 (AaTh 927 A* + Ritter/Bauer). - Lit.: EM 1, 1977, Sp. 387 f.: Alten Sattel (K. Ranke).

28 König Fritz, das Fohlen und Alten Sattel: Monatshefte Meckl. 14, 1938, S. 35 f., original in Mundart. – AaTh 875 III + AaTh 927 A*. – Siehe auch Text und Anm. 27.

29 Der Alte Fritz und Doktor Allwissend: Wossidlo/Neumann, Meckl. 1965, S. 110 f., Nr. 394: mündl. von Erbpächter Rehmann in Bäbelin, Kr. Wismar, 1898. – AaTh 1641. – Lit.: EM 3, 1981, Sp. 734–742: Doktor Allwissend (A. Dömötör).

30 Der Alte Fritz und der Besenbinder: Jahn, Volksmärchen 1891, S. 161-164, Nr. 30: mündl. aus Petznick, Kr. Pyritz, vor 1891. – Motiv K 1811. + AaTh 921 E* var. – Auch: Wisser, Plattdt. Volksmärchen 1914, S. 100-103 (+ AaTh 921 var. + AaTh 922 B); Meyer, Anekdoten 1934, S. 28 f., Nr. 43 (+ AaTh 922 B); Henßen, Münsterland 1935, S. 280, Nr. 214 (nur: Butter herumreichen, bis sie schmilzt); Bodens, Niederrhein 1936, S. 275 f., Nr. 1100.

31 Der Alte Fritz und sein Jäger: Jahn, Volkssagen 1889, S. 508, Nr. 632: aus Mesow, Kr. Regenwalde und Ritzig, Kr. Schiefelbein, vor 1886. – Motiv J 215.1. – Auch: Zierke, Pommern 1997, S. 10 f.; Wossidlo/Neumann, Meckl. 1965, S. 108, Nr. 389; Neumann, Meckl. Volksmärchen 1971, S. 295 f., Nr. 145 (+ AaTh 921); Meyer, Anekdoten 1934, S. 8 f., Nr. 13.

32 Ein sonderbares Jagdrecht: Knoop, Stolp 1925, S. 72 f., Nr. 170. – Auch: Wossidlo/Neumann, Meckl. 1965, S. 111, Nr. 396; ähnlich: Henßen, Münsterland 1935, S. 277, Nr. 209.

33 Friedrich der Große und der dicke Schlemmer: Schulenburg, Wend. Volkssagen 1880, S. 39 f.

34 König Fritz und der Kuhhirte: Monatshefte Meckl. 14, 1938, S. 35.

35 Der Alte Fritz und der mecklenburgische Bauer: Diewerge, Fritz 1941, S. 42-44: mündl. von Schuster A. Reese in Jahnshof, Kr. Oldenburg, 1926 (Schlesw.-Holst.).

Verkleidet und unterwegs

36 Wie der Alte Fritz und Zieten beim Bauern übernachteten: Jahn, Volkssagen 1889, S. 503-505, Nr. 626: mündl. aus Zabelsdorf, Kr. Randow, vor 1886. – Motiv K 1811. + AaTh 791. – Auch: Monatsblätter 6, 1892, S. 26–28; Stübs, Weizacker 1938, S. 127-129, Nr. 75 = Neumann, Friedr. d. Gr. 1998, S. 35–37, Nr. 2; Benzel, Pommern 1980, S. 256 f., Nr. 238; Zierke, Pommern 1997, S. 21–23; Monatshefte Meckl. 14, 1938, S. 34; Wossidlo/ Neumann, Meckl. 1965, S. 116, Nr. 413; Neumann, Volkserzähler 1970, S. 104 f., Nr. 133; Schwartz, Brandenburg 1895, S. 165 f., Nr. 111; Wisser, Plattdt. Volksmärchen 1914, S. 248–252 (+ AaTh 952); Meyer, Plattdt. Volksmärchen 1925, S. 176 f., Nr. 92; Selk, Angeln 1949, S. 73 f., Nr. 123; Ranke, Volksmärchen Bd. 3, 1962, S. 117–125; Grüner, Waldeck 1964, S. 289, Nr. 514; Plenzat, Typen 1927, S. 72. – Lit.: Ranke (wie oben) S. 117 f.; EM 2, 1979, Sp. 1437-1440: Christus und Petrus im Nachtquartier (H. Lixfeld).

37 Die Bestrafung des hämischen Grafen: Neumann, Volkserzähler 1970, S. 102–104, Nr. 132: mündl. vom 68-jähr. Arbeiter A. Rust in Cammin, Kr. Neubrandenburg, 1959, original in Mundart.

38 König Fritz und der prügelnde Gutsherr: Wossidlo/Neumann, Meckl. 1965, S. 115, Nr. 410: mündl. von Bauer Sterly in Schönberg, 1926, original in Mundart. – Auch: Monatshefte Meckl. 14, 1938, S. 60.

39 Als die Edelleute sich wiegen ließen: Wossidlo/Neumann, Meckl. 1965, S. 115, Nr. 411: mündl. von Knecht Koss in Ludwigslust, 1911, original in Mundart.

40 Friedrich der Große und der Amtmann von Sylow: Schulenburg, Wend. Volkssagen 1880, S. 38 f.

41 König Fritz, der Schulze und der Nachtwächter: Monatshefte Meckl. 14, 1938, S. 34 f., original in Mundart.

42 König Fritz und der freundliche Schweinehirt: Wossidlo/ Neumann, Meckl. 1965, S. 116, Nr. 412: mündl. von Tagelöhner Felten in Hagenow, 1919, original in Mundart.

43 Der Alte Fritz und die Trinker: Schulenburg, Wend. Volkstum 1882, S. 8 f.

44 Der Alte Fritz und das Alter des Bauern: Jahn, Volkssagen 1889, S. 505 f., Nr. 628: mündl. aus Marienfließ, Kr. Saazig, vor 1886. – Motiv H 707.1. – Auch: Stübs, Weizacker 1938, S. 111–113, Nr. 66 (Motiv H 707.1.+AaTh 922 B) = Neumann, Friedr. d. Gr. 1998, S. 38 f., Nr. 5.

45 Der Alte Fritz und der klagende Bauer: Pommerland 1, 1912/13, S. 93 f. – AaTh 921** (Ranke) + AaTh 922 B. – Auch: Wossidlo, Rätsel 1897, S. 244–247, Nr. 991 (nur AaTh 921**); Meyer, Anekdoten 1934, S. 5 f., Nr. 7 (nur AaTh 921**); Ranke, Volksmärchen Bd. 3, 1962, S. 283 f. (AaTh 921** + AaTh 922 B). – Siehe auch Text und Anm. 44 und 46.

46 Der Alte Fritz und der säende Bauer: BllfpVk 2, 1893/94, S. 135 f., Nr. 2: von Lehrer F. Asmus aus Zwilipp, vor 1893 = Asmus/Knoop, Kolberg-Körlin 1898, S. 11 f. – AaTh 921* (Ranke) + AaTh 922 B. – Auch: Heimatleiw 10 (1931) Nr. 43, S. 3 f. (AaTh 921* + Fund-Motiv + AaTh 1610); Wossidlo, Rätsel 1897, S. 247, Nr. 992 (nur AaTh 921*); Neumann, Meckl. Volksmärchen 1971, S. 350 (unter AaTh 922 B); Schwartz, Brandenburg 1895, S. 39, Nr. 20 (nur AaTh 921*); Bodens, Niederrhein 1936, S. 279–281, Nr. 1106 f. (beide Texte AaTh 921 B* + AaTh 922 B); Dittmaier, Sieg 1950, S. 149, Nr. 414 (nur AaTh 921*); Ranke, Volksmärchen Bd. 3, 1962, S. 280–283 (AaTh 921* + AaTh 922 B); . – Lit.: EM 8, 1996, Sp. 165-167: König auf der Münze (A. Dömötör). – Siehe auch Anm. 44 und 45.

47 König Fritz muß raten: Stübs, Weizacker 1938, S. 113 f., Nr. 67: mündl. vom 72jähr. Landarbeiter W. Kanzenbach in Lettnin, Kr. Pyritz, vor 1938, original in Mundart. – AaTh 921. – Auch: Meyer, Anekdoten 1934, S. 21, Nr. 31.

48 König Fritz und der Bauer aus Constantinopel: Pommerland 1, 1912/13, S. 62.

49 Der Alte Fritz wird in Neustettin begrüßt: Benzel, Pommern 1980, S. 253, Nr. 234: mündl. vom 67jähr. Berufssoldaten Martin Bülow aus Großdallenthin-Neustettin, 1978. – Auch: Zierke, Pommern 1997, S. 27 (mit Friedrich Wilhelm IV.).

50 Der Alte Fritz und der Bürgermeister von Neustettin: BllfpVk 2, 1893/94, S. 137, Nr. 5 = Benzel, Pommern 1980, S. 253, Nr. 233.

51 Der Alte Fritz und die alte Blume: BllfpVk 2, 1993/94, S. 137, Nr. 7: von Lehrer A. Archut aus Königlich Freist, Kr. Lauenburg, vor 1893.

52 Der Alte Fritz, der Pastor und der Kandidat: Jahn, Volksmärchen 1891, S. 155 f., Nr. 27: mündl. aus Quatzow, Kr. Schlawe, vor 1891. – AaTh 922. – Auch: Stübs, Weizacker 1938, S. 103-105, Nr. 63 = Neumann, Friedr. d. Gr. 1998, S. 45–47, Nr. 13; ZA 111 051 (Pommern); Wossidlo, Rätsel 1897, S. 237–239, Nr. 987–988.1; ebenda S. 242, Nr. 989

(+ AaTh 922 B); Neumann, Meckl. Volksmärchen 1971, S. 297, Nr. 146 (+ AaTh 875 II + AaTh 921 B); Ranke, Volksmärchen Bd. 3, 1962, S. 284–287; Henßen, Münsterland 1935, S. 209-212, Nr. 150; Dittmaier, Sieg 1950, S. 150, Nr. 417; Grannas, Ostpreußen 1957, S. 144–146, Nr. 42. – Lit.: Walter Anderson, Kaiser und Abt. Die Geschichte eines Schwankes. Helsinki 1923 (FFC 42); Ranke (wie oben) S. 284; EM 7, 1993, Sp. 845-852: Kaiser und Abt (W.F.H. Nicolaisen).

53 Der Alte Fritz, der Pastor und der Schäfer: BllfpVk 2, 1893/94, S. 135, Nr. 1: von Lehrer F. Asmus aus Zwilipp, vor 1893 = Asmus/Knoop, Kolberg-Körlin 1898, S. 9 f. – AaTh 922. – Siehe auch Text und Anm. 52.

54 Die beiden Prediger: Schulenburg, Wend. Volkstum 1882, S. 8.

55 Der schlagfertige Pastor: Stübs, Weizacker 1938, S. 129 f., Nr. 76: mündl. vom 65jähr. Bauern Wilhelm Matthias in Wobbermin, Kr. Pyritz, vor 1938, original in Mundart. – Auch: Zierke, Pommern 1997, S. 20; Wossidlo/Neumann, Meckl. 1965, S. 113, Nr. 404; ähnlich ebenda S. 109 f., Nr. 392; Selk, Angeln 1949, S. 74, Nr. 124.

56 Der reitende Priester: Wossidlo/Neumann, Meckl. 1965, S. 109 f., Nr. 392: mündl. von Statthalter Felten in Thürkow bei Teterow, 1912, original in Mundart.

57 Der Müller ohne Sorgen: Schulenburg, Wend. Volkstum 1882, S. 8. – AaTh 875 II.

58 König Fritz und der lausende Handwerksbursche: Pommerland 1, 1912/13, S. 94. – Motiv J 2415. – Auch: Wossidlo/Neumann, Meckl. 1965, S. 114, Nr. 407; Neumann, Volkserzähler 1970, S. 102, Nr. 131; Meyer, Plattdt. Volksmärchen 1925, S. 168 f., Nr. 78; Selk, Angeln 1949, S. 70 f., Nr. 117; Bodens, Niederrhein 1936, S. 270, Nr. 1085; Dittmaier, Sieg 1950, S. 168, Nr. 412.

59 König Fritz und die merkwürdige Wurst: Wossidlo/Neumann, Meckl. 1965, S. 109 f., Nr. 391: mündl. von Arbeiter Siggelkow in Schwerin, 1931, original in Mundart.

60 König Fritz und das hilfsbereite Mädchen: Ms. Schlüter: aus Karstädt bei Schwerin, um 1938, original in Mundart.

61 Der Alte Fritz und der kluge Bauernjunge: Jahn, Volksmärchen 1891, S. 143–145, Nr. 23: mündl. aus Quatzow, Kr. Schlawe, vor 1891. – AaTh 921 + AaTh 922 B. – Auch: VeckZfVk 2, 1888, S. 237, Nr. 15 = BllfpVk 2, 1893/94, S. 136 (nur AaTh 921); Haas, Schnurren 1899, S. 7 f., Nr. 6: (nur AaTh 921); Findeisen, Hiddensee 1925, S. 16–18, Nr. 17 (AaTh 921 + AaTh 922 B) = Neumann, Schwänke Pommern 1999, S. 150 f., Nr. 196; Wossidlo, Rätsel 1897, S. 243 f., Nr. 990 (nur AaTh 921); Neumann, Meckl. Volksmärchen 1971, S. 295 f., Nr. 145 (AaTh 921 + Motiv J 215.1.); Meyer,

Plattdt. Volksmärchen 1925, S. 29, Nr. 8; ders., Anekdoten 1934, S. 15 f., Nr. 23 (beide Texte AaTh 921 + AaTh 922 B); Ranke, Volksmärchen Bd. 3, 1962, S. 259–278 (AaTh 921 + AaTh 922 B); Henßen, Münsterland 1935, S. 213–216, Nr. 152; ders., Uhlenflucht 1939, S. 54–56, Nr. 34 (beide Texte AaTh 921 + AaTh 922 B); Grannas, Ordensland 1960, S. 118 f., Nr. 78 (nur AaTh 921) – Lit.: Jan de Vries: Die Märchen von klugen Rätsellösern. Eine vergleichende Untersuchung. Helsinki 1928 (FFC 73), S. 29–40, 308–320; EM 8, 1996, Sp. 156–160: König und kluger Knabe (W.F.H. Nicolaisen).

62 Der Alte Fritz und der Schäferjunge: Stübs, Weizacker 1938, S. 89-91, Nr. 59: mündl. vom 65jähr. Bauern Wilhelm Matthias aus Wobbermin, Kr. Pyritz, vor 1938, original in Mundart. – AaTh 921 var. (Höher rauf!). – Auch: Pommerland 1, 1912/13, S. 94; Meyer, Anekdoten 1934, S. 11 f., Nr. 17; Henßen, Münsterland 1935, S. 278, Nr. 211. – Siehe auch Text und Anm. 86.

63 König Fritz verschenkt eine Uhr: ZA 111 045: aus Kladow, Kr. Greifenhagen, um 1935, original in Mundart.

64 Der Alte Fritz und der Straßenjunge: Benzel, Pommern 1980, S. 253 f., Nr. 235: vom Hrsg. in der Kindheit gehört. – Motiv K 1811.

Umgang mit Offizieren und Ministern

65 König Fritz und der Leutnant Fliederborn: Findeisen, Hiddensee 1925, S. 18 f., Nr. 18: mündl. aus Grieben auf Hiddensee, vor 1925. – Auch: Asmus/Knoop, Kolberg-Körlin 1898, S. 10 f. = Neumann, Sagen Pommern 1991, S. 101, Nr. 93; Haas, Schnurren 1899, S. 2, Nr. 2; Stübs, Weizacker 1938, S. 123, Nr. 71 = Neumann, Friedr. d. Gr. 1998, S. 122 f., Nr. 58.

66 König Fritz und Rittmeister Klemm: Stübs, Weizacker 1938, S. 110 f., Nr. 65: mündl. vom 65jähr. Bauern W. Matthias in Wobbermin, Kr. Pyritz, vor 1938, original in Mundart. – Auch: Monatsblätter 1, 1887, S. 141–143; Winckler, Fritz 1926, S. 36; Dittmaier, Sieg 1950, S. 152 f., Nr. 422.

67 Die Wette zwischen König und Feldmarschall: Jahn, Volksmärchen 1891, S. 153-155, Nr. 26: mündl. aus Ferdinandshof, Kr. Ueckermünde, vor 1891.

68 König Fritz, der Soldat und der Minister: Stübs, Weizacker 1938, S. 94-97, Nr. 61: mündl. vom 65jähr. Bauern W. Matthias in Wobbermin, Kr. Pyritz, vor 1938, orginal in Mundart. – AaTh 1791 var. + AaTh 951 B. – Auch: Jahn, Volksmärchen 1891, S. 158–160, Nr. 29 (AaTh 951 A + AaTh 951 B) = Neumann, Friedr. d. Gr. 1998, S. 100–103, Nr. 48; Benzel,

Pommern 1980, S. 254 f., Nr. 236 (AaTh 951 A + AaTh 951 B); Neumann, Meckl. Volksmärchen 1971, S. 302–304, Nr. 148 (AaTh 951 A + AaTh 951 B); Meyer, Anekdoten 1934, S. 25, Nr. 37 (nur AaTh 951 B) – Lit.: EM 8, 1996, Sp. 167–171: König und Räuber (U. Marzolph).

69   König Fritz und der rülpsende General: ZA 111 044: mündl. aus Kladow, Kr. Greifenhagen, um 1935, original in Mundart. – Auch: Wossidlo/ Neumann, Meckl. 1965, S. 111, Nr. 395; Meyer, Plattdt. Volksmärchen 1925, S. 173 f., Nr. 86; Henßen, Münsterland 1935, S. 276 f., Nr. 208; ders., Überlieferung 1951, S. 144, Nr. 69.

70   Der alte Zieten kommt nicht in Verlegenheit: Schwartz, Brandenburg 1895, S. 40, Nr. 21.

71   Der Alte Fritz, Zieten und die Wurst vom Schlachtfest: ZA 111 042: mündl. aus Kladow, Kr. Greifenhagen, um 1935, original in Mundart. – AaTh 952*.

72   Der Alte Fritz und Zieten als Meisterdieb: Pommerland 14, 1929, S. 70: von Kaufmann H. Boldt. – AaTh 1525 A. – Lit.: EM 9, 1999, S. 508–522: Meisterdieb (H. Lox).

Bei den Soldaten

73   König Fritz, der große Schäfer und seine Braut: Stübs, Weizacker 1938, S. 114–119, Nr. 68: mündl. vom 65-jähr. Bauern W. Matthias in Wobbermin, Kr. Pyritz, vor 1938, original in Mundart. – AaTh 930 III b var. – Auch: Neumann, Sagen Meckl. 1993, S. 95, Nr. 100 (erster Teil); Wisser, Plattdt. Volksmärchen 1927, S. 203–205, Nr. 62; Grüner, Waldeck 1964, S. 286 f., Nr. 508 (beide zweiter Teil: AaTh 930 III b var.).

74   Der Alte Fritz, der Grenadier und der Student: Jahn, Volksmärchen 1891, S. 156–158, Nr. 28: mündl. aus Quatzow, Kr. Schlawe; Petznick, Kr. Pyritz; Grambin, Kr. Ueckermünde, vor 1891. – Motiv K 1371.1.1. (AaTh 885 var.). – Auch: Neumann, Meckl. Volksmärchen 1971, S. 288 f., Nr. 140; Wisser, Plattdt. Volksmärchen 1927, S. 153 f., Nr. 42; Ranke, Volksmärchen Bd. 3, 1962, S. 223–227; Henßen, Münsterland 1935, S. 275 f., Nr. 206.

75   König Fritz und der Posten beim Pulverschuppen: Stübs, Weizacker 1938, S. 119–121, Nr. 69: mündl. vom 65jähr. Bauern W. Matthias in Wobbermin, Kr. Pyritz, vor 1938, original in Mundart. – AaTh 1670* var.

76   König Fritz und der langgediente Grenadier: Pommerland 1, 1912/13, S. 61.

77   Der Alte Fritz und der polnische Soldat: Pommerland 14, 1929, S. 63.

78   König Fritz und der Soldat mit dem festem Glauben: Wossidlo/ Neumann, Meckl. 1965, S. 113, Nr. 403: mündl. von einem Mann in Banskow, Kr. Schwerin, nach 1886, original in Mundart. – Auch: Heimat Volksblatt 9, 1916, S. 51.

79   König Fritz und der Vogel unter dem Helm: Neumann, Volkserzähler 1970, S. 99, Nr. 127: mündl. vom 75-jähr. Arbeiter A. Rust in Cammin, Kr. Neubrandenburg, 1966, in Mundart. – Lit.: EM 9, 1999, Sp. 1326-1331: Neidhart mit dem Veilchen (S. Neumann).

80   König Fritz und das Geschwür: Wossidlo/Neumann, Meckl. 1965, S. 108, Nr. 388: mündl. von Kuhhirte Meinke in Waren, nach 1890, in Mundart.

81   Ein Posten schickt König Fritz in den April: Stübs, Weizacker 1938, S. 124–126, Nr. 73: mündl. aus Lettnin, Kr. Pyritz, vor 1938, original in Mundart. – Ähnlich: Heimatleiw 10, 1931, Nr. 43, S. 3.

82   Der Alte Fritz und der preußische Pfiff: Schwartz, Brandenburg 1895, S. 188 f., Nr. 129. – Motiv K 1811. + AaTh 1736 A. – Auch: Stübs, Weizacker 1938, S. 122, Nr. 70 = Neumann, Friedr. d. Gr. 1998, S. 119 f., Nr. 54; Wossidlo/Neumann, Meckl. 1965, S. 113, Nr. 402; Wisser, Plattdt. Volksmärchen 1927, S. 143 f., Nr. 37; Meyer, Anekdoten 1934, S. 19, Nr. 29; Henßen, Überlieferung 1954, S. 143, Nr. 68; Bodens, Niederrhein 1936, S. 273 f., Nr. 1093-1095; Dittmaier, Sieg 1950, S. 150 f., Nr. 418.

83   König Fritz und der Soldat im Kaufmannsladen: Haas, Rügen 1891, S. 197 f., Nr. 200: mündl. aus Bergen auf Rügen, vor 1891. – Motiv K 1811. + AaTh 951 A. – Auch: Selk, Angeln 1949, S. 72 f., Nr. 122. – Siehe auch Anm. 84.

84   Der Alte Fritz und der Soldat in der Schatzkammer: Jahn, Volkssagen 1889, S. 506 f., Nr. 630: aus Mesow, vor 1886 = Knoop, Regenwalde 1924, S. 99 f., Nr. 129. – Motiv K 1811 + AaTh 951 A. – Auch: Meyer, Anekdoten 1934, S. 22 f., Nr. 33; Ranke, Volksmärchen Bd. 3, 1962, S. 319–324; Henßen, Münsterland 1935, S. 198 f., Nr. 144; Plenzat, Typen 1927, S. 53. – Lit: EM 8, 1996, Sp. 167-171: König und Räuber (U. Marzolph). – Siehe auch Anm. 68 und 83.

85   Der Alte Fritz und der Husar im Räuberhaus: Jahn, Volksmärchen 1891, S. 164–168, Nr. 31: mündl. aus Quatzow, Kr. Schlawe, vor 1891. – AaTh 952. – Auch: Findeisen, Hiddensee 1925, S. 11–16, Nr. 16 (hochdt.) = Neumann, Vorpommern 1983, S. 150–153, Nr. 32 (plattdt.); Neumann, Meckl. Volksmärchen 1971, S. 304 f., Nr. 149; Engelien / Lahn, Brandenburg 1868, S. 134–139, Nr. 11; Wisser, Plattdt. Volksmärchen 1914, S. 248–252 (+ AaTh 791); ders., Plattdt. Volksmärchen 1927, S. 169-174, Nr. 48; ebenda S. 247-249, Nr. 76; Meyer, Anekdoten 1934, S. 19-21, Nr.

30; Ranke, Volksmärchen Bd. 3, 1962, S. 324–340; Henßen, Münsterland 1935, S. 199–201, Nr. 145. – Lit.: EM 8, 1996, Sp. 175–178: König und Soldat (H.-J. Uther).

86 König Fritz und der essende Posten: ZA 111 043: mündl. aus Kladow, Kr. Greifenhagen, um 1935, original in Mundart. – AaTh 921 var. (Höher rauf!). – Auch: Heimatleiw 10, 1931, Nr. 43, S. 3; Wossidlo/ Neumann, Meckl. 1965, S. 112, Nr. 401; Selk, Angeln 1949, S. 70, Nr. 116; Bodens, Niederrhein 1936, S. 274 f., Nr. 1097; Dittmaier, Sieg 1950, S. 152, Nr. 420; Grüner, Waldeck 1964, S. 289 f., Nr. 516. – Siehe auch Text und Anm. 62.

87 Der Alte Fritz und die Soldatenmutter: Ms. Schlüter: aus Karstädt bei Schwerin, um 1938, original in Mundart.

Krieg und Nachkrieg

88 Wie Zieten dem König grollte: Haase, Ruppin 1887, S. 94, Nr. 97: mündl. aus Brunne, vor 1887.

89 Der Alte Fritz und die Burgfrau von Cramzow: BllfpVk 4, 1895/96, S. 12.

90 Der Alte Fritz im Biwak: Jahn, Volkssagen 1889, S. 508, Nr. 631: aus Mesow, Kr. Regenwalde, vor 1886. – Motiv K 1811.

91 König Fritz als Spion: Neumann, Sagen Meckl. 1993, S. 96, Nr. 102: mündl. von Bauer Ch. Gildhoff in Spornitz, Kr. Parchim, 1962, original in Mundart.

92 Die Zauberkünste des Alten Fritz: Jahn, Volkssagen 1889, S. 505, Nr. 627: mündl. aus Zabelsdorf, Kr. Randow, vor 1886. – Motiv D 1840. – Auch: Schwartz, Brandenburg 1895, S. 203-205, Nr. 143 (mit Zieten).

93 Der Alte Fritz als Schwarzkünstler: Benzel, Pommern 1980, S. 252, Nr. 232: von Reichsbankoberamtmann Paul Benzel aus Kussow/ Berlin, 1968 – Motiv D 1840. – Siehe auch Text und Anm. 92.

94 Der Alte Fritz in Altbelz: Schulz, Köslin 1925, S. 144 f., Nr. 194: von Lehrer Dettmann aus Altbelz, vor 1925. – Auch: Schulz (wie oben), S. 145 f., Nr. 195; Asmus/Knoop, Kolberg 1927, S. 25 f., Nr. 25 = Neumann, Schwänke Pommern 1999, S. 152, Nr. 199.

95 Der Alte Fritz und die Gemüsehändlerin: Asmus/Knoop, Kolberg – Körlin 1898, S. 11: mündl. – Auch: Meyer, Anekdoten 1934, S. 5, Nr. 5; Bodens, Niederrhein 1936, S. 271, Nr. 1089; Dittmaier, Sieg 1950, S. 153, Nr. 423; Grüner, Waldeck 1964, S. 290, Nr. 520.

96 König Fritz und der Stelzfuß: Findeisen, Hiddensee 1925, S.

19, Nr. 19: mündl. aus Grieben auf Hiddensee, vor 1925. – Auch: Stübs, Weizacker 1938, S. 123 f., Nr. 72 = Neumann, Friedr. d. Gr. 1998, S. 126, Nr. 64.

97 Die zwei starken Bauern: Schulenburg, Wend. Volkssagen 1880, S. 41 f.

Am Ende des Lebens

98 König Fritz an der Himmelstüre: Neumann, Plattdt. Legenden 1973, S. 88, Nr. 72: mündl. von Handwerker Hellwig in Gielow, um 1895, original in Mundart.

99 Der Alte Fritz erobert den Himmel: Stübs, Weizacker 1938, S. 132, Nr. 79: mündl. vom 75jähr. Landarbeiter F. Kanzenbach in Lettnin, Kr. Pyritz, vor 1938, original in Mundart. – AaTh 1656. – Auch: Winckler, Fritz 1926, S. 83 f.

100 Der Alte Fritz geht um: Lohre, Mark 1921, S. 1, Nr. 1. – Auch: Schwartz, Brandenburg 1895, S. 38 f., Nr. 19.

Eine weitergehende Übersicht über die König-Fritz-Überlieferung in Pommern bei Neumann, Friedr. d. Gr. 1998, S. 33 ff. und in Mecklenburg bei Wossidlo/Neumann, Meckl. 1965, Nr. 380 ff.

Worterklärungen

A *affgewe(n)* = abgeben
affnähmen = abnehmen
all = alle, schon
anträden = antreten
äten = essen
Aust = Ernte
äwerst = aber

B *bannig* = sehr
bäten, beten = bisschen
bedüüje(n) = bedeuten
Been = Bein, Beine
behollen, behulle(n) = behalten
bett = bis
bidde(n) = bitten
he bidd't = er bittet
bliewe(n) = bleiben
he blifft = er bleibt
bruugen = brauen
bruuke(n) = brauchen, gebrauchen
bruut = gebraut
Buuk = Bauch
Buure = Bauern

D *daaren* = dürfen
Däg = Art
Dag, Dåg = Tag, Tage
dål = hinunter, herunter, nieder
Dåler = Taler
dat = das, dass
daun = tun
de, dei = der, die (Artikel)
he ded' = er täte
dee, dei = der, die (Relativpronomen)
he deer = er tat, täte

he deet, deit = er tut
di = dir, dich
diss = diese, dieser, dieses
dit = dies
dœmlich = dämlich
don, donen = tun
Dör = Türe
dorto = dazu
Döst = Durst
dråge(n) = tragen
dråpen = treffen
drauhgen = drohen
he dröcht = er droht
he dröppt = er trifft
drup = darauf
dun = betrunken
Düüwel = Teufel

E *eeg'n* = eigen, selbst
eens, ees, eis = einmal, eins
ehr = ihr, ihnen
Eierkoke = Eierkuchen
em = ihm, ihn
eten, Eten = essen, Essen

F *Faden* (Holz) = Klafter von 6 Fuß
Fåhlen = Fohlen
farig = fertig
fiefuntwintig = fünfundzwanzig
Fild = Feld
föhren = fahren
frågen = fragen
fräten, frete(n) = fressen
Fruug = Frau
führen = fahren
fungen = gefangen
fuul = faul

G *gäben* = geben, gegeben
gåhn, gåhne =

gehen, gegangen
gaut = gut
geschåte(n) = geschossen
geschmete(n) = geschmissen
gewe(n) = geben
gewt = gebt, gegeben
he gifft = er gibt
Gild = Geld
gliek = gleich
glööwe(n) = glauben
got, god' = gut, gute
griepen = greifen
he grippt = er greift
grot = groß
gröten = grüßen

H *ha* = hin
he hadd' = er hätte
du haddst = du hättest
hålen = holen
Håmel = Hammel
he harr, harr' = er hatte, hätte
Hasselnœt = Haselnüsse
hatt = gehabt
he, hei = er
ick hebb, heff = ich habe
hebben = haben
Hell = Ofen, Ofenecke
helpen = helfen
he helpt = er hilft
du hest = du hast
he hett = er hat
Hitt = Hitze
hochhöhren = hochheben
höhjer = höher
Honnör = Honneur, Ehrenbezeugung
hullen = halten
hüren = hören, gehören
du hürst = du hörst, gehörst

Huus = Haus
hüüt = heute

I *ierst* = erst, zuerst
Immen = Bienen
Ind' (lies: *Inn*) = Ende
ji = ihr

K *kåmen* = kommen
klabbern = klettern
knedendick = sehr dick
kœnen = können
kööpen = kaufen
kort = kurz
kräge(n) = gekriegt, bekommen
kränsch = stolz
kreege(n) = kriegen, gekriegt
he krigggt = er kriegt, bekommt
krupe(n) = kriechen
he künn, kunn = er könne, konnte

L *låten* = lassen
Ledder = Leiter
leede(n) = leiden, gelitten
leegen = lügen
du leetst = du ließt
leew, leiw, leewer = lieb, lieber
he lett, lött = er läßt
Liew = Leib
licht = leicht
liggen = liegen
libren = lernen
du lüggst = du lügst
Lüüd', Lüüj = Leute
Lüüs' = Läuse

M *måken* = machen
he måkt = er macht
måkt = gemacht
mang = zwischen

174

Mess = Mist
mi = mir, mich
he möckt = er macht
möd (lies: *möj*) = müde
Moors = Hintern
du möößt = du musst
möten = müssen
ich mücht = ich möchte
he mutt = er muß

N *nah* = nach
ni = nicht
nie, nieg, niejen = neu, neuen
Noors = Hintern
nüscht = nichts

O *ok* = auch
oll = alt
os, ose = uns, unsere
Oss = Ochse
œwer = über, aber
œwerföhre = überführen, überzeugen

P *Peer* = Pferde
Pierd = Pferd
Pohl = Pfuhl

R *räden* = reden, geritten
rieden = reiten
rinlåten = hereinlassen
ropen = rufen, gerufen
he röppt = er ruft
rœwer = rüber
run = runter, nieder
rup = hinauf, herauf
Ruum = Raum
ruut = heraus
ruutkreegen = herausgekriegt

S *hei säd'* = er sagte
sallen = sollen
he schall = er soll

Schåwnack = Schabernack
scheeten = schießen
Scheper = Schäfer
schier = gut
schlåpe(n) = schlafen
he schlöppt = er schläft
schmieten = schmeißen
he schmitt = er schmeißt
Schnack = Redensart
schöle(n) = sollen
wi schöle(n) = wir sollen
schriewen = schreiben
he schrifft = er schreibt
schruwe(n) = schieben
he schüll = er solle, sollte
seggen = sagen
he seggt = er sagt
sinn = sein
Sluck = Schluck (Schnaps)
söss = sechs
spote(n) = sputen, beeilen
spräken = sprechen
ståhlen = stehlen
ståhlen = gestohlen
ståken = stechen, stecken
ståken, ståken = gesteckt
starwen = sterben
Steewel = Stiefel
stiegen = steigen
he stiggt = er steigt
strieden, striejen = streiten
he süll = er solle, sollte
süss, süsst = sonst
suuer = sauer
szüh = sieh

T *tau* = zu
teihn = zehn
tellen = zählen
Tiet = Zeit
togriepen = zugreifen

tohoop = zuhauf, zusammen
Traktmint = Traktament, Besoldung
trecken = ziehen
Tüfften = Kartoffeln
twee = zwei

U *uck* = auch
de Ull = der Alte
unnerspunnt = drunterge-sperrt
uptellen = aufzählen
utrichte(n) = ausrichten

V *verbeiden* = verbieten
verköfft = verkauft
verkööpen = verkaufen
verlåten = verlassen
verspräken = versprechen
he verspreckt = er verspricht
verståhne = verstehen, verstanden
ick verstoh = ich verstehe
vierteihgen = vierzehn
vieruntwintig = vierund-zwanzig
vör = vorne, voraus

W *Wäg'* = Wege
ick ward (lies: *warr*) = ich werde
warden = werden
he was = er war
wäst = gewesen
wedder = wieder
weegen = wiegen
he weer = er war
weesen = gewiesen
he weet = er weiß
weiten = wissen
werrer = wieder
west = gewesen

wete(n) = wissen
du wettst = du weißt
wi = wir
wieder = weiter
he wier = er war
Wiew = Weib
willen = wollen
woll, wull = wohl
he wull = er wollte
wüsst = gewusst
wur = wie

175

Siegfried Armin Neumann wurde 1934 in Ostpreußen geboren, kam 1947 auf dem Umweg über Dänemark nach Mecklenburg, arbeitete zunächst in der Landwirtschaft und studierte nach dem Abitur (1953) in Rostock Germanistik und Volkskunde; 1961 schloss sich in Berlin die Promotion zum Dr. phil. an. Von 1957 bis 1993 war er als Wissenschaftlicher Mitarbeiter und schliesslich als Forschungsgruppenleiter an der Deutschen Akademie der Wissenschaften zu Berlin tätig; 1994 wechselte er in der gleichen Funktion zur Akadamie der Wissenschaften in Göttingen. Sein Hauptarbeitsort (seit 1957) war das Wossidlo-Archiv in Rostock, das er ab 1988 leitete und ab 1991 als Institut für Volkskunde in Mecklenburg-Vorpommern weiterführte;

1999 wurde es in die Universität Rostock integriert. Dort ist er – inzwischen altersbedingt ehrenamtlich – bis heute als Professor für Niederdeutsche Volkskunde tätig.

Neumanns zahlreiche Bücher und seine sonstigen (in mehreren Sprachen publizierten) Arbeiten, insbesondere zur deutschen Volksdichtung und Popularliteratur, haben ihn international bekannt gemacht. Genannt seien etwa die Bände *Volksschwänke aus Mecklenburg* (1963), *Mecklenburgische Volksmärchen* (1971), *Volksmärchen aus fünf Jahrhunderten* (1982), *Mecklenburgische Volkskunde* (1988 mit Ulrich Bentzien), *Sagen aus Pommern* (1991), *Volksleben und Volkskultur in Vergangenheit und Gegenwart* (1993), *Sagen aus Sachsen-Anhalt* (1995), *Schwänke aus Pommern* (1999), *Sagenhaftes Berlin* (2000), *Mecklenburgs Sprichwortschatz* (2005) oder *Sichtweisen in der Märchenforschung* (2013 mit Christoph Schmitt). Der Autor ist Mitglied mehrerer internationaler Gelehrtenvereinigungen, und seine Arbeit wurde wiederholt mit Preisen gewürdigt, zuletzt mit dem Fritz-Reuter-Literaturpreis 2015.